二十四節氣

春夏秋冬的生活智慧

王曉梅 主編

中華書局

目錄

前言：曆法與節氣

中國人計算時間的方法

陰曆

陰曆又稱「太陰曆」。它是根據月亮的變化週期來制定的。據史料記載，中國在四千二百多年前便有了太陰曆，先民把月亮圓缺的一個週期稱為「朔望月」，把完全見不到月亮的一天稱為「朔日」，朔日定在陰曆的每月初一；把月亮最圓的一天稱為「望日」，望日定在陰曆的每月十五或十六。一個朔望月的天數是二十九天十二小時四十四分三秒，約合二十九點五三〇六天。

陰曆一年有十二個月，單月是大月（三十天），雙月是小月，全年共三百五十四天。十二個朔望月共為三百五十四點三六七天，二者一年相差〇點三六七天。如果不調整，四十年後，其朔望日期便完全顛倒。因此陰曆需要安排「閏年」，每隔二到四年，增加一個月，這一年就是閏年。經過這樣調整後，陰曆每三十年和月亮繞地球的步調只差十六點八分鐘了。

由於月亮圍繞地球運轉和地球圍繞太陽運轉的速度不均勻，為保持朔日必在陰曆每月初一，因此有時會出現一連兩個陰曆大月或一連兩個陰曆小月的情況。

陽曆

陽曆又稱「太陽曆」，是當今世界上大多數國家、地區和民族通用的曆法，故又稱「公曆」。陽曆是基於地球繞太陽運轉所出現的規律制定的。它以地球繞太陽一周為一年，一回歸年為三百六十五天五小時四十八分四十秒。為方便計算，以三百六十五天為一年，叫平年。餘下的時間，每四年加一天，這一年叫閏年。但這樣的話，每四年又虧四十四分五十六秒，所以每四百年少三個閏年。陽曆的四、六、九、十一月是小月，三十天，二月在平年時是二十八天，一、三、五、七、八、十、十二月是大月，三十一天。

太陽曆最早形成於古埃及。約於四千年前，古埃及人依據天狼星的出現和尼羅河氾濫的日期規律，計算出一年是三百六十五天，分十二個月，每月三十天，多餘五天為年終節日，這就是古埃及的太陽曆，也是西方最早的太陽曆。中國在一九一二年（民國元年）開始採用陽曆。

陰曆＋陽曆＝陰陽曆？

陰陽曆是為調和陰曆與陽曆的關係，兼顧月亮繞地球和地球繞太陽運動週期而制定的曆法。它的曆月平均長度接近於朔望月，每個月份的日期與月相一致，這與太陰曆相似。它的歷年平均長度又接近於回歸年，月份和日期雖然不能像陽曆那樣表示出太陽在黃道上的位置，但變化範圍不大，基本上和四季寒暖情況相符，這點又與陽曆相似，故稱「陰陽曆」。

中國的農曆（以前叫夏曆，俗稱陰曆或舊曆）就是這種曆法，但陰曆成份更重些，可又不同於純粹的陰曆，而是一種「陰月陽年」式的曆法。它既能使每一個曆月中的日期與月相一一對應，又基本符合季節變化，似乎是很合理想的曆法。可是，它的歷年長度相差太大，平年是三百五十三至三百五十五天，閏年卻是三百八十三至三百八十四天，又缺乏簡單易記的方法。這種曆書往往使編曆者費盡心血，而使用曆書者卻莫名其妙，或一知半解。

農曆之起源

《夏小正》原為《大戴禮記》中的一篇，是中國現存最古老的曆法學文獻，為農曆之起源（解放時農曆仍稱為夏曆，至一九七〇年才改為農曆）。《夏小正》按夏曆十二個月的順序，分別記述每個月的星象、氣象、物候以及所應從事的農事和政事。其星象包括昏中星、旦中星，以及晨見、夕伏的恆星，還有北斗的斗柄指向、河漢（銀河）的位置，以及太陽在星空中所處的位置等。現流傳下來的《夏小正》，內容已有部分殘缺和錯亂，而且《夏小正》的正文與後來注釋的傳文混雜在一起，難以分辨，所以也有稱為《夏小正傳》的。據分析，其正文只有四百餘字。文中也有取自更早期的資料，所以中國應當在夏代以前就有比較完善的曆法了。

農曆曆月有大有小

農曆的曆月長度是以「朔望月」為準的。所謂「朔望」就是從朔到朔或從望到望的時間。但一個朔望月所包含的天數並不恰好是「日」的整倍數，它的平均值是二十九點五三〇六日，也就是二十九天十二小時四十四分三秒，而「日」是曆法中的基本時間單位。為了生活上使用方便，我們不能把一日劃成兩個部分，使它分屬於不同月份。因此，為使每一個曆月所含的天數是整數，在農曆中把曆月分為大小兩種，大月為三十天，小月為二十九天。這樣，大月和小月彼此相互彌補，使曆月的平均長度接近於朔望月。至於哪一個月應該是大月，哪一個月應該是小月，都必須通過嚴密計算「朔」的時刻後才能確定，也就是兩朔之間的間隔天數而定——兩朔之間的間隔為三十天時是大月；兩朔日期之間的間隔為二十九天時是小月。

農曆月份的別稱

正月　孟春、孟陽、孟陬、元月、初月、冠月
二月　仲春、酣春、令月、如月、杏月、花月
三月　季春、暮春、晚春、末春、桃月
四月　孟夏、初夏、槐夏、麥月、梅月
五月　仲夏、惡月、蒲月、榴月、皋月
六月　季夏、盛夏、暑月、荷月、伏月
七月　孟秋、初秋、上秋、蘭月、巧月
八月　仲秋、中秋、正秋、桂秋、桂月
九月　季秋、深秋、暮秋、菊月、玄月
十月　孟冬、初冬、上冬、陽月、露月
十一月　仲冬、冬月、雪月、暢月
十二月　季冬、末冬、嚴冬、殘冬、臘月、歲尾

黃曆

黃曆就是黃帝曆的簡稱。黃曆也稱「皇曆」。歷代皇帝都很重視曆法，九世紀初唐代統治者曾下令，曆書必須經皇帝親自審定後才能頒佈，並且規定了只許官方印，不准私人印，從此，曆書就成了「皇曆」。書中所記曆法，一般以一年為限，第二年變更，如果拿去年的

皇曆來查看今年的曆法，就一定是錯誤的。因此，「老皇曆」就成了因循守舊、不思變革的形容。辛亥革命以後打倒了帝制，才把「皇曆」改成了「黃曆」。

紀年

干支紀年

用干支紀年，一般認為始於漢代。干支是天干（甲、乙、丙、丁、戊、己、庚、辛、壬、癸）和地支（子、丑、寅、卯、辰、巳、午、未、申、酉、戌、亥）的合稱，以十天干與十二地支循環相配，可配成甲子、乙丑、丙寅等六十組，俗稱「六十甲子」。六十年周而復始，一直沿用下來。

動物紀年

動物紀年最早起源於東漢以前。古代的術數家用十二種動物搭配十二地支，叫做「十二肖」或「十二屬」。先是用此紀分每天的十二時辰，後來才發展為用此法紀年。王充的《論衡》中就記述了以十二禽獸配十二地支的說法：子鼠，丑牛，寅虎，卯兔，辰龍，巳蛇，午馬，未羊，申猴，酉雞，戌狗，亥豬。為何子配鼠呢？一說是子時為半夜，老鼠出沒之時；一說是十二動物的足趾有單有雙，唯獨鼠趾是前四後五，無處可放，所以排列第一時辰。這種十二肖紀年法，是中國民族文化的產物，它通俗易懂易記，使用簡便，因此一直流傳到今天。

十二生肖

生肖即屬相，代表一個人出生的年份。古人把地支與某些動物相配，組成十二生肖。如

子
鼠
丑
牛
寅
虎
卯
兔
辰
龍
巳
蛇
午
馬
未
羊
申
猴
酉
雞
戌
狗
亥
豬

上文所述，每年都以一種動物做代表，作為這一年出生的人的生肖，依此類推。生肖的使用約在夏商時期，到了南北朝時期有了明確的排列順序。

劃分四季

中國古代以立春、立夏、立秋、立冬作為四季的開始。

民間習慣上用農曆的月份來劃分四季：農曆正月到三月是春季，四月到六月是夏季，七月至九月是秋季，十月到十二月是冬季。

在天文上，是以春分、夏至、秋分、冬至作為四季的開端。

氣象上通常以陽曆的三月到五月為春季，六月到八月為夏季，九月到十一月為秋季，十二月到第二年的二月為冬季。為了盡可能真實地反映一個地區季節變化的物候情況，氣象部門是用五天平均氣溫的高低作為劃分四季的指標：平均氣溫穩定在攝氏十度以下為冬季；平均氣溫穩定在二十二度以上為夏季；平均氣溫在十至二十二度之間是春季和秋季。

紀月

朔是中國古代曆法的陰曆成份。日月的黃道經度相同的時刻叫朔，也就是天氣晴朗無雲卻看不見月亮的日子。由於日、月運動都不均勻，所以每連續兩次朔之間的時間也是不相等的。不過，經過長期觀測統計，可以求得一個相對穩定的平均數，這個平均數就稱為一個朔望月，基本在三十天左右。很多時候，需要對朔望月進行日、月運動不均勻性的改正，得到真實的朔，稱為「定朔」。

中國最遲從殷商時代起就採用干支紀日。從甲子到癸亥，六十個干支日名輪流循環使用，所以中國古代沒有星期這個概念，日的週期為六十天。

十二時辰

中國古人把十二地支與一天十二個時辰巧妙地聯繫起來，形成了中國特有的十二時辰說。人們將一晝夜分為十二時辰，其與現在我們使用的計時時刻的對應關係如下：

子時：二十三至翌日一時，古時尚有子夜、午夜、夜半、宵分、未分、未央、未旦等別稱。

丑時：一至三時，又稱「雞鳴」。

寅時：三至五時，別稱「騎旦」、「平明」、「平旦」。

卯時：五至七時，為古時官署開始辦公的時間，稱「點卯」。此時正旭日東昇，又名「日出」。

辰時：七至九時，別稱「食時」。

巳時：九至十一時，又稱「隅中」。

午時：十一至十三時，別稱「日中」，而正午十二時又有平午、平晝、亭午等別稱。

未時：十三至十五時，此時太陽開始偏西，故又名「日側」、「日昳」。

申時：十五至十七時，別稱「晡時」、「日晡」。

酉時：十七至十九時，又叫「日入」。

戌時：十九至二十一時，別稱「黃昏」。

亥時：二十一至二十三時，因此時夜闌人靜，故又稱「人定」、「夤夜」。

三垣

《史記．天官書》將地球上看到的北天極一片天空劃為紫微、太微、天市，此即「三垣」。每垣都是一個比較大的天區，內含若干（小）星官（或稱為星座）。關於「三垣」的創始年代，尚無確定的結論。從典籍來看，紫薇垣和天市垣作為星官，首見於輯錄石申所著《石氏星經》的《開元占經》一書中，而太微垣的名稱始見於唐初的《天象詩》。但是，在《史記．天官書》中已載有和「三垣」相當的星官名稱。天市垣東、西兩藩的星均用戰國時代的國名命名，亦是「三垣」創始年代的一個佐證。

四象

地球繞太陽公轉一周，太陽的直射點在南北回歸線內移動的軌道被古人稱為「黃道」。古人又將黃道附近的星空分出東、南、西、北四方，並分別以相應的吉祥靈獸作代表，叫做「四象」。東方七宿如同飛舞在春末夏初夜空的巨龍，故而稱為「東宮蒼龍」；南方七宿像展翅飛翔的朱雀，出現在寒冬早春的夜空，故而稱為「南宮朱雀」；西方七宿如猛虎躍出深秋初冬的夜空，故而稱為「西宮白虎」；北方七宿似蛇龜出現在夏末秋初的夜空，故而稱為「北宮玄武」。

二十八宿

古人把星座稱為「星宿」。二十八宿又叫「二十八舍」或「二十八星」，是古人為觀測日、月、星運行而劃分的二十八個星區，用來說明日、月、星運行所到的位置。二十八宿的名稱分別為：東方蒼龍七宿，即角、亢、氐、房、心、尾、箕；南方朱雀七宿，即井、鬼、柳、星、張、翼、軫；西方白虎七宿，即奎、婁、胃、昴、畢、觜、參；北方玄武七宿，即鬥、牛、女、虛、危、室、壁。

二十四節氣

氣是中國古曆的陽曆成份。從冬至點開始到下一個冬至點為一年（回歸年）。一年分成二十四個「氣」，稱為「二十四節氣」。古代二十四節氣的劃分方法不盡相同：按時間等分的叫平氣；按一年中太陽所走的路程等分的叫定氣。

節氣的起源

中國古代勞動人民在觀察、測量太陽位置變化規律的基礎上，把一年劃分為若干「節氣」。二十四節氣起源於黃河流域。早在春秋時期，就有了仲春、仲夏、仲秋、仲冬四個節氣。經過不斷的改進與完善，到秦漢年間，二十四節氣已完全確立。西漢時問世的《淮南子．天文訓》則完整地記錄了二十四節氣。

節氣的類別

節氣和中氣

二十四節氣分佈於歷年的十二個月中，常年每月有兩個節氣，一個在前半月，一個在後半月。在前半月的主要在月初，俗稱「節氣」；在後半月的主要在月中，俗稱「中氣」。

在和陽曆配合時，「節氣」是在每月的上旬，其規律為：上半年四至六日，下半年六至八日。「中氣」是在每月的下旬，其規律為：上半年十八至二十二日，下半年二十二至二十四日。通常的記述口訣為：「上半年六、二一，下半年八、二三。」

在與農曆配合時，農曆的常年每月也是兩個節氣，前者稱「節氣」，後者稱「中氣」。農曆閏年的閏月只有一個節氣，沒有「中氣」。

二十四節氣中的「節氣」有：立春、驚蟄、清明、立夏、芒種、小暑、立秋、白露、寒露、立冬、大雪和小寒；「中氣」則有：雨水、春分、穀雨、小滿、夏至、大暑、處暑、秋分、霜降、小雪、冬至和大寒。

以性質分類

二十四節氣的性質類別劃分充分考慮了季節氣候、物候等自然現象的變化。

季節類節氣：立春、立夏、立秋、立冬。根據天氣氣候暖熱涼寒的變化定位，表示春、夏、秋、冬四季的開始。

降水類節氣：雨水、穀雨、小雪、大雪。根據降水的時節及降水量的大小而定，表明降雨、降雪的時間和強度。

物候類節氣：驚蟄、清明、小滿、芒種。表示在天氣氣候的變化及其影響下，動物、植物、農作物所發生的候應現象，及其相應的農事活動。小滿、芒種反映有關農作物的成熟和收成情況。驚蟄、清明反映的是自然物候現象，尤其是驚蟄，它用天上初雷和地下蟄蟲的復甦來預示春天的回歸。

天文類節氣：春分、夏至、秋分、冬至。根據圭臬所觀測到的日影的長短所定，分別表

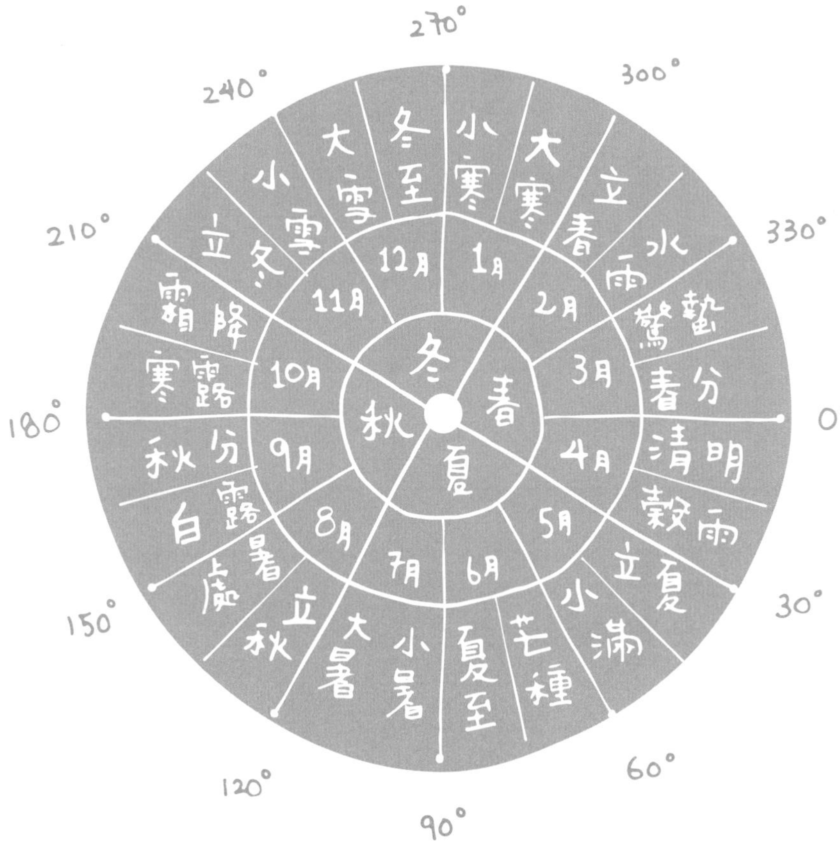
270°
300°
330°
0°
30°
60°
90°
120°
150°
180°
210°
240°
小寒
大寒
立春
雨水
驚蟄
春分
清明
穀雨
立夏
小滿
芒種
夏至
小暑
大暑
立秋
處暑
白露
秋分
寒露
霜降
立冬
小雪
大雪
冬至
1月
2月
3月
4月
5月
6月
7月
8月
9月
10月
11月
12月
冬
春
夏
秋

示晝夜的長短，反映了太陽高度變化的轉折點。春分、秋分晝夜等分，夏至白晝最長，冬至黑夜最長。它們是二十四節氣的開端。

氣溫類節氣：小暑、大暑、處暑、小寒、大寒。根據氣溫的高低程度而定，表示天氣氣候的炎熱和寒冷程度，反映氣溫的變化。

水汽類節氣：白露、寒露、霜降。表示近地面水汽隨着氣溫下降的程度及產生的凝結狀況，主要表示氣溫的下降程度。

七十二候

七十二候是古代黃河流域的物候曆，是中國最早的結合天文、氣象、物候知識指導農事活動的曆法。它的計算方法是五天一候，一年三百六十五天（平年）為七十三候，為與二十四節氣對應，規定三候為一節氣，一年為七十二候。各候均以一個物候現象相應，稱「候應」。並根據鳥獸蟲魚、草木生態的變動以及其他自然現象的出現與消失，來驗證氣候與季節的變化與推移。其中植物候應有植物的幼芽萌動、開花、結實等；動物候應有動物的始振、始鳴、交配、遷徙等；非生物候應有始凍、解凍、雷始發聲等。七十二候候應的依次變化，反映了一年中氣候變化的一般情況。一年二十四個節氣，每個節氣對應三候：初候、二候、三候。

〔節氣〕	〔初候〕	〔二候〕	〔三候〕
立春	東風解凍	蟄蟲始振	魚陟負冰
雨水	獺祭魚	候雁北	草木萌動
驚蟄	桃始華	倉庚鳴	鷹化為鳩
春分	玄鳥至	雷乃發聲	始電
清明	桐始華	田鼠化為鴽	虹始見
穀雨	萍始生	鳴鳩拂其羽	戴勝降於桑
立夏	螻蟈鳴	蚯蚓出	王瓜生
小滿	苦菜秀	靡草死	麥秋至
芒種	螳螂生	鵙始鳴	反舌無聲
夏至	鹿角解	蜩始鳴	半夏生
小暑	溫風始至	蟋蟀居壁	鷹始鷙
大暑	腐草為螢	土潤溽暑	大雨時行
立秋	涼風至	白露降	寒蟬鳴
處暑	鷹乃祭鳥	天地始肅	禾乃登
白露	鴻雁來	玄鳥歸	群鳥養羞
秋分	雷始收聲	蟄蟲坯戶	水始涸
寒露	鴻雁來賓	雀入大水為蛤	菊有黃花
霜降	豺乃祭獸	草木黃落	蟄蟲咸俯
立冬	水始冰	地始凍	雉入大水為蜃
小雪	虹藏不見	天氣上升	閉塞而成冬
大雪	鶡旦不鳴	虎始交	荔挺出
冬至	蚯蚓結	麋角解	水泉動
小寒	雁北鄉	鵲始巢	雉始雊
大寒	雞始乳	鷙鳥厲疾	水澤腹堅

立春

陽曆二月四日前後
東風解凍、蟄蟲始振、魚陟負冰

農事氣象
最好立春晴一天，風調雨順好種田。

春天的開始

按傳統說法，農曆的春天是指正月、二月、三月。正月又叫「初春」或「元春」；二月稱「早春」或「仲春」；三月為「陽春」或「暮春」。還有一種說法是，春天從「立春」開始。「立春」是二十四節氣中的第一個節氣，一般是在陽曆的二月四日至五日，也正好處在春節前後的十天之內。但以「立春」作為春天的開始，並不符合氣溫的實際情況。

根據現代氣象學的資料，春天的標準溫度平均是攝氏十至二十度。中國幅員廣大，南北橫跨熱帶到寒帶，故這一規定較符合自然界氣候變化的規律。所以，以氣溫作為春天到來的標準會較為科學。

立春三候

太陽到達黃經三百一十五度，為立春。「立」是開始，「春」是蠢動，表示萬物蠢蠢欲動，開始有生氣。立春時氣溫回升，萬物甦醒，大地回春。

立春節氣的十五天分為三候，即「初候東風解凍，二候蟄蟲始振，三候魚陟負冰」。由這三候的名稱我們就可以非常清楚地看到立春的季節變化特徵——告別了寒冷的冬天，春天已經到來，然而冬天的寒冷卻還未一下子消失殆盡，仍需要經過很長的時間才能慢慢消融，東風送暖，大地開始解凍，萬物漸漸復甦，這就是「初候東風解凍」。五天後，蟄居的蟲類因感受到春天的溫暖，而蠢蠢欲動地往外界活動，因此也就產生了「二候蟄蟲始振」的說法。再過五日，水面厚厚的冰也開始逐漸融化了，水底的魚兒迫不及待地要到水面上來感受一下春天的氣息，於是便有了「三候魚陟負冰」的說法。

「兩頭春」和「無春年」

民間把一年（指農曆年）兩頭立春的年份稱「兩頭春」，把一年兩頭都無立春的年份稱「無春年」或「不懷春」年。那麼這種「兩頭春」或「不懷春」的奇特現象是怎麼出現的呢？

這種現象只出現於農曆年份。因為在陽曆的年份裏，每年都是在二月四日或二月五日立春，這個節氣日期很穩定，千古不變。而且，每年只有這一次立春，從不出現「兩頭春」或「無春年」的現象。農曆年則不然，因為農曆年是「陰陽合曆」，為了使陰曆和陽曆基本同步，並與季節協調，陰曆必須在二至三年內有個閏月。有閏月的陰曆年份為閏年。農曆閏年共有十三個月，閏月那個月有一個節氣，因此，農曆的閏年一年應有二十五個節氣，這多出的一個節氣使農曆閏年的臘月，即最後的一個月，佔去了農曆次年的「立春」節氣。這就是農曆閏年有兩個立春節氣的根本原因。反之，被佔去了「立春」節氣的這一年，便成了「無春年」。

立春暖和反凍死小麥？

如果此時過於溫暖，冬小麥麥苗會紛紛提前返青。但是這個時段的天氣多變，氣溫不穩定，在北方空氣的影響下，常發生「倒寒」，氣溫又突然下降到攝氏零度以下。此時剛剛返青的嫩弱冬小麥幼苗，如果遭到低溫的襲擊受到凍害，不僅返青會中止，甚至會凍壞部分麥苗。

節日風俗

新年納餘慶，嘉節號長春。

古人如何迎春？

打春牛

立春，又稱「打春」。為甚麼立夏、立秋、立冬均稱「立」，唯獨立春叫做「打春」呢？原來，「打春」指的是打春牛。中國自古以牛祝春，據說是「周公始定立春土牛」，相沿成俗。中國是農業大國，人們歷來重視農業生產，堅持不違農時，牛是農事的象徵，是生產力的代表。所以立春打春牛的習俗也一直延續下來。

《東京夢華錄》中說：「宋代『立春前一日，開封府進春牛入禁中』。」立春之辰「官吏各具彩杖擊牛」。至清末，節前各地衙署門前（或農村村口）均用泥土加色料（或用竹紮紙糊而成）塑造一頭「春牛」和「耕夫」。立春日，由知州、縣令或村中鄉老行香主禮，祭祀春神，然後擂鼓三聲，眾官員（或鄉民）手執紅綠絲線捆紮的「春仗」圍擊春牛，謂之「鞭春」，以「示勸農意」。最後眾村民將泥牛打爛，分土而回，撒在各自的農田。有的地方還在紙春牛肚裏藏着花生、栗子、柿餅、核桃之類的乾果。當牛被打破時，乾果流露散落，男女老少都來搶拾。據說，誰拾得多，誰家的農作物收成就會好。

打春官

打春官是漢族歲時風俗，流行於浙江等地。在每年立春日的「迎春」活動中，由管農事的胥吏（或乞丐）扮演春官，頭戴無翅烏紗帽，身穿朝服，腳蹬朝靴，坐在四周圍紅布的明轎中於街市巡遊，表演詼諧風趣的動作。也有拿着「春鞭」邊走邊表演趕牛的。過程中，人們爭相向春官擲米，以擲中為吉兆。

天子百官都要迎春

據史書記載，迎春活動是三千年以前的周代流傳下來的。在周代，立春時天子都要親自率領三公九卿、諸侯大夫、皇親國戚到東郊去迎春，並舉行祭祀太皞、句芒神的儀式。漢代在立春這一天，京師百官不僅要到東郊迎春，還要穿上青衣，唱《青陽》和《八佾》歌，並且要跳《雲翹》舞，儀式非常隆重。據說從漢文帝起，迎春時天子率先垂范親自扶犁，躬耕於野，表示對春耕的動員。明清以後，各地「迎春」之禮，演變為「報春」之俗。「報春」必須由地方行政長官組織穿青衣的隊伍，遊行於街，並設壇親自主持報春儀式，先行祭祀神靈，後接受身穿彩服的報子「報春」。

迎春公雞

迎春公雞，又叫「春雞」，是漢族在立春日佩帶的布製飾物。流行於山東滕縣、費縣、曲阜等魯南地區。立春前，青年婦女用彩色碎布縫製「送春娃娃」、「喚春咕咕（布穀鳥）」、「迎春公雞」等。迎春公雞用花布裹棉花，形同菱角，一角尖端綴花椒仁作雞眼，另一角縫幾根與身等長的花布條作雞尾，造型樸拙，色彩斑斕，具有濃厚的魯南鄉土氣息。春雞釘在孩子胸前或左衣袖上，預示新春吉祥。未種牛痘的孩子，春雞嘴裏還要銜一串黃豆，幾歲串幾粒，以雞吃豆來寓意孩子不生天花、麻疹等疾病。人們一般於農曆正月十六日到廟會上將布雞扔掉。在河南項城，人們大多把春雞戴在小孩的頭上或袖上。

迎春雷

立春那一天，侗族有迎春雷的習俗。這一習俗流行於廣西龍勝、龍平地區。當地民間如遇立春日當天打雷，不論男女老少，都須跳幾跳，把身上的衣服抖一抖，以示春天來到，雷公降臨，消災滅難，來年全家安康。此外，人們還須把鳥槍、漁網、柴刀、鋤頭等生產工具抖一抖。

節氣食物

春盤

春盤源自晉代的五辛盤，這五辛分別是：小蔥、大蒜、辣椒、薑和芥末。當時春盤用於宴席和饋贈。《唐摭言》中說，春盤中放的是蘿蔔、芹菜。唐代立春用的春盤，據杜甫《立春》詩中寫道：「春日春盤細生菜，忽憶兩京梅發時。盤出高門行白玉，菜傳纖手送青絲。」就有生菜和蘿蔔絲。蘇東坡的《浣溪沙》詞中有「青蒿黃韭試春盤」之句。青蒿是嫩生菜，黃韭即韭黃。明清時，立春則用蘿蔔和生菜製作春盤。立春食春盤的習俗後來漸漸被食春餅所取代。

春餅

吃春餅是北方人在立春日的習俗。春餅是用白麵擀成圓形，用餅鐺（烙餅用的平底鍋）或鍋烙製而成的餅。清朝時，春餅的製作程序是：「擀麵皮加包火腿肉、雞肉等物或四季時令菜心，油炸供客。又鹹肉、蒜花、黑棗、胡桃仁、白糖共碾碎，卷春餅切段。」到了現在，春餅的吃法演變為春餅抹甜麵醬、卷洋蔥後食用。有的地方還講究用醬肚絲、雞絲等熟肉夾在春餅裏吃。吃春餅講究用餅將菜包起來，從頭吃到尾，叫「有頭有尾」，取其吉利之意。

咬春

咬春又叫「食春菜」，流行於北京和河北等地。清代潘榮陛在《帝京歲時紀勝》中說：「新春日獻辛盤，雖士庶之家，亦必割雞豚，炊麵餅，而雜以生菜、青韭芽、羊角蔥，沖和合菜皮，兼生食水紅蘿蔔，名曰咬春。」每逢立春日，無論貴賤，家家咬食生蘿蔔，取迎新之意，故得名。民間認為咬春可免疥疾和解除春天困乏。也有地方是把咬春習俗和食春餅結合在一起的。

煨春

煨春是指在每年的立春之日，人們紛紛燒食春茶的習俗。這一習俗流行於浙江溫州地區。最早是將朱欒（柚的一種）碎切，然後再搭配白豆或黑豆，放在茶中食飲，之後改用紅豆（方言，「豆」與「大」同音）、紅棗、柑橘（「柑」與「官」、「橘」與「吉」同音）、桂花（「桂」與「貴」同音）、紅糖合煮，煨得爛熟，俗叫「春茶」。飲前先敬家中祖先，然後家人分食。民間認為吃了春茶，可以明目益智，並取其大吉大利，升官富貴之意。

歲首春節過大年

春節的來歷

相傳，古時候有個名叫萬年的青年，他看到當時節令很亂，就打算將節令的時間定準，但是苦於找不到計算時間的方法，於是就苦思冥想。終於，他根據樹影的移動，設計了一個測日影計天時的晷儀，可以測定一天的時間；後來，他又從山崖上的滴泉得到靈感，製作了一個五層漏壺來計算時間。天長日久，他發現每隔三百六十多天，四季就循環一次，天時的

立春吃蘿蔔

中國民間在立春日有吃蘿蔔的習俗。蘿蔔，有理氣助消化的功能。李時珍對蘿蔔讚譽有加，認為它「根葉皆可生、可熟、可醬、可豉、可醋、可糖、可臘、可飯，乃蔬中之最有益者」。而且，蘿蔔還有很大的藥用價值，它可祛痰、通氣、止咳，甚至解酒、解毒、補脾胃、禦風寒。表面看來，吃蘿蔔僅是一種風俗，實際上它是古人關於營養、健身、祛病的經驗之談。

長短也會重複一遍。

當時的國君名叫祖乙，他正為天時的善變所苦惱，但卻找不到解決的辦法。萬年知道後就帶着自己新研製的兩個器具去拜見祖乙，並且向祖乙詳細介紹日月運行的道理。祖乙聽後龍顏大悅，於是就讓萬年留下來研究曆法，為天下的黎民百姓造福。後來，萬年終於研製成功了。祖乙親自去看望萬年，萬年指着天象對祖乙說：「現在正是十二個月滿，舊歲已完，新春復始，祈請國君定個節吧。」祖乙說：「春為歲首，就叫春節吧。」據說這就是春節的來歷。

燃放爆竹

古代稱春節為「年」。傳說遠古時候，有一種叫做「年」的兇惡野獸。它吼聲如雷，行走如風，人畜都吃。天神知道後就把它鎖進深山老林，一年只准出山一次。人們經常提防着，當第十二個月剛過完，「年」再次出現，傷害了很多人畜。人們非常害怕。後來，人們發現「年」怕響聲、怕紅、怕火，就想出了許多辦法來抵禦「年」的侵擾，於是就漸漸演變成過年放爆竹、敲鑼鼓、點紅燭、貼桃符、貼對聯的風俗。

早在晉朝，就有放爆竹「避邪驅鬼」迎新春的記載。南朝梁宗懍《荊楚歲時記》中即有「正月一日……雞鳴而起，先於庭前爆竹，以辟山躁惡鬼」的記述。古時皆以真竹着火，爆之畢剝有聲，故唐人詩稱爆竹為爆竿。宋人用紙卷火藥，點燃發聲，也稱「爆竹」，或叫「爆仗」。到了清代，爆竹的花樣不斷更新，生產出了千奇百怪的鞭炮、變幻莫測的煙火，燃放規模更加擴大。現在人們燃放爆竹並不是為了嚇跑「年」，而是為了增加熱鬧、喜氣洋洋的氣氛。

拜年講究多

春節的第一天，即大年初一，中國各地都有拜年的習俗。在這一天，人們都早早起床，

新年
春
福
福

穿上最漂亮的衣服，打扮得整整齊齊，出門去走親訪友，相互拜年，恭祝來年大吉大利。

拜年一般從家裏開始。初一早晨晚輩起床後，要先向長輩拜年，祝福長輩健康長壽，萬事如意。給家中人拜完年後，人們外出相遇時也要笑容滿面地恭賀新年，互道「恭喜發財」、「新年快樂」、「四季平安」等吉祥語。拜年一般在年初三前拜完至親，再慢慢地到其他親戚鄰里家去拜年，一直到正月十五結束。宋代孟元老在《東京夢華錄》中就曾寫到北宋過年時的情況：「正月初一日年節，開封府放關捕三日，士庶自早互相慶賀。」

昔日拜年還有一些有趣的習俗。人們出門前往拜年的第一家必須是父母雙全、兒女滿堂的興旺之家，到這樣的人家拜年，希望自己也能沾光得到吉祥。同樣，接受拜年的人家也希望第一個來拜年的是一位人財兩旺的貴客。因此很多家道殷實的人家，家主一般對第一個來拜年的人都避而不見，僅讓小輩待客。在廣州，給較親近的人拜年，則要先拜主人家的祖先。在河南南部拜年還有嚴格的日期規定：「初一走自家，初二初三走舅家，初四初五走姑家。」要是順序亂了，會使親戚不高興。

此外，拜年還有另一種形式，那就是送拜年帖，相當於現在的賀年卡。如果親戚朋友多而不能一一登門拜年，就送拜年帖。拜年帖是由古代的謁刺發展而來的。謁刺類似於今天的名片，上寫姓名、籍貫、官職等，是見面時互通姓名的方式。謁刺早在秦漢時已經較為普遍。後世有「賀刺」、「門狀」、「名刺」、「名帖」、「飛帖」等說法。謁刺除了書寫姓名官職等內容外，有時也寫上一些祝賀問候的話。每逢過節，要是不能親自登門去親友、同事家拜訪，就派遣僕人帶謁刺前往別人家中代為拜年，這樣做既簡便易行又達到了拜年的效果。

吃年糕年年高

年糕因為諧音「年高」，再加上有變化多端的口味，幾乎成了家家必備的過年食品。過年吃年糕的習俗據傳是從周代開始，已有三千多年的歷史。在江浙一帶，至今流傳着一則年糕的故事。

春秋時，吳國大夫伍子胥被吳王夫差賜劍自刎而死。傳說伍子胥死前囑咐親信，如果國家有難，民眾缺糧，到象門城牆挖地三尺，就可以得到食糧。伍子胥死後，越王勾踐認為吳國失去主將，就趁機進攻吳國。夫差連吃敗仗，京城被困，城中糧盡援絕，軍民紛紛餓死。這時，伍子胥的親信按他生前囑咐，去象門挖地三尺，果然挖到可以充飢的「城磚」。原來這是當年伍子胥暗地設下的「屯糧防急」之計，他在象門一帶用的城磚全部是用江米粉蒸製後壓成的，這類江米磚十分堅韌，既可以作磚砌牆，必要時又可充飢。從此以後，每逢過年，當地家家戶戶都要蒸製像城磚一樣的江米年糕，以紀念伍子胥的功績。

春聯寄意

每逢春節，中國民間家家要貼春聯。春聯是用大紅紙寫成的對聯。據史載，春聯是從桃符演變而來的。傳說古代東海度朔山有一棵蟠曲三千里的大桃樹，它的枝葉伸向東北方的「鬼門」，萬鬼皆由此門而入。樹下有兩位神仙名叫神荼和鬱壘，他們把守着山門，監視鬼的行動，一旦發現有為非作歹者，就用草繩將其捆起來喂老虎。於是，從春秋戰國時起，每逢過年，人們就用兩塊桃木板，上刻神荼、鬱壘的畫像，豎立在門前，以示避邪。這就是桃符的來源。

由桃符到對聯，是從後蜀主孟昶開始的。孟昶親筆書寫的「新年納餘慶，嘉節號長春」，可以說是我國最早的一副對聯。到了宋代，在桃木板上寫對聯已經相當普遍了。王安石《元日》詩云：「爆竹聲中一歲除，春風送暖入屠蘇。千門萬戶曈曈日，總把新桃換舊符。」春聯包括「春條」、「春語」、「斗方」等，內容也是豐富多彩。但據說春聯真正普及於民間，成為年俗之一，是明代以後的事。

壓歲錢

壓歲錢也叫「押歲錢」、「壓祟錢」、「壓勝錢」或「壓腰錢」。除夕吃完年夜飯，由尊長向晚輩分贈錢幣，並用紅線穿編銅錢成串，掛在小兒胸前，說是能夠壓邪驅鬼。這個習俗自漢魏六朝開始流行。

關於壓歲錢，還有一個有趣的傳說。古時有一個小妖怪名叫「祟」，它身黑手白，面目猙獰，每年除夕夜裏竄出來，專門觸摸睡熟的小孩的腦門。小孩被摸過後就會發高燒說夢話，退燒後也會變成癡呆瘋癲的傻子了。人們都怕「祟」傷害自己的孩子，就整夜點燈不睡，謂之「守祟」。據說當時有個富貴人家，老來得子，十分珍愛。除夕晚上，為防止「祟」來侵擾，老爺子就用紅紙包了八枚銅錢，一直陪孩子玩。夜深了，玩着玩着不留心就睡着了，結果銅錢就撒落在枕頭一邊。半夜時，「祟」鬼鬼祟祟地溜了進來，正要對小孩下毒手，突然孩子枕邊迸出一道金光，「祟」尖叫着逃跑了。這件事後來被傳開了，大家推斷「祟」可能害怕銅錢，於是紛紛仿效，在除夕夜裏用紅紙包上銅錢放在孩子的枕頭旁，果然「祟」就沒再來侵擾孩子。因而，人們把這叫做「壓祟錢」。因為「祟」與「歲」同音，日久天長，就被稱為「壓歲錢」了。宋以後，壓歲錢改為銅幣，所以也叫「壓勝錢」。

福倒了

春節倒貼「福」字，是民間由來已久的傳統習俗。每逢新春佳節之時，家家戶戶都要在屋門上、牆壁上、門楣上，甚至室內的灶台旁，貼上大大小小的「福」字。可是你知道「福」字為何要倒貼嗎？傳說這一習俗與明太祖朱元璋的皇后——馬皇后有關。

有一次過年期間，明太祖朱元璋在京城街頭微服私訪時看到一幅年畫，畫着一個沒有纏足的赤腳女人，懷裏還抱着一個大西瓜。朱元璋非常不快，因為在他看來，年畫背後的意思是「淮（懷抱）西（西瓜）婦人好大腳」，而馬皇后正是大腳淮西女人，所以朱元璋認定這夥人就是在嘲笑自己的皇后大腳。於是，朱元璋讓人在沒有參與這件事的人家大門上面，貼上一個大大的「福」字，然後又命令手下人到大門上面沒有貼「福」字的人家去捉人問斬。

這件事被善良的馬皇后知道了，為了避免百姓遭受這場無端之災，她悄悄讓人通知全城所有人家，必須在天亮之前在自家大門上面貼上「福」字。於是，家家戶戶都貼上了「福」字，但其中有一戶人家不識字，竟把「福」字貼倒了。皇帝聽說後大怒，立即命令御林軍把那家滿門抄斬。馬皇后一看事情不好，忙對朱元璋說：「想必是那戶人家知道您今日來訪，是祥龍瑞氣降臨。故意把『福』字貼倒了，這不是『福』已經到了的意思嗎？」皇帝一聽有道理，便下令放人，一場大禍終於消除了。

從此以後，為了紀念善良的馬皇后，每逢農曆除夕之夜，老百姓便在自家大門上面倒貼上大大的「福」字，表示「安分守己」，以求闔家平安無事。

接財神

接財神的日子是每年的正月初五。民間一般在正月初五零時零分，打開大門和窗戶，燃香放爆竹，點煙花，向財神表示歡迎。接財神要供羊頭與鯉魚，供羊頭有「吉祥」之意，供鯉魚是圖「魚」與「餘」諧音，討個吉利。接到財神之後，還要在財神面前放些水果、肉類等食品，讓財神盡情享用，並依照禮節拜祭。大家還要喝路頭酒，往往喝到天亮。大家滿懷發財的希望，但願財神爺能把金銀財寶帶來家裏，在新的一年裏財源滾滾。

新年除設財神牌位，迎神下界，上供燒香之外，有些地區還要抬財神像遊行娛神，以利

財神到

招財進寶。在北方多以趙公元帥為財神，南方多以路頭神（即五路神）為財神。

貴州的布依族則在初二接財神。一般各家在初一晚上將一捆柴和一擔水放在門口，以第一聲雞鳴為令，迅速點香、化紙、放鞭炮，唯恐動作遲了財神被別人接走。這時家長請道：「文武福祿財神，快來吃飯囉，吃了護衛金銀財寶滾進我家來，保佑一年四季都發財。」然後一人挑水，一人抱柴，走進堂屋，邊走邊誦：「柴（財）來，柴來，金水銀水進屋來。」接財神儀式即告結束。

迎喜神

迎喜神是民間傳統的新春祀神習俗，流行於河南、山東、安徽、江蘇等地。迎喜神，也叫遊喜神，在正月初一舉行。民間認為，正月初一要向喜神所在方位拜祭，可得一家康寧。正月初一天未明時，人們就擺香案設供品祭祖宗，祭祀祖宗完畢後，再磕頭、整理衣服。家中主人從曆書中查出新年「喜神」將降臨何方，接着打開大門，帶着香表、鞭炮徑直朝那個方位迎去，途中不准回頭，凡是路上遇上男女老少或飛禽走獸，都必須焚燒香表，長鳴鞭炮，叩頭作揖，隨之即回，這樣就迎得了「喜神」，一年內將喜事頻來。

送窮神

送窮節是我國古代民間一種很有特色的歲時風俗，其意就是祭送窮鬼（窮神）。時間是在正月的最後一天。據《玉燭寶典》、《金穀園記》、《荊楚歲時記》等書記載，窮神是上古高陽氏的兒子瘦約，他喜歡穿破舊的衣服，吃糜粥。人們給他新衣服，他就撕破，用火燒出洞，再穿在身上，宮裏的人稱他為「窮子」。正月末，窮子死於巷中，所以人們在這天做糜粥，丟破衣，在街巷中祭祀，名為「送窮鬼」。

宋朝送窮風俗依然流行，但送窮的時間有變化，大概在正月初六。《歲時雜記》記載在人日前一日，人們將垃圾掃攏，上面蓋上七枚煎餅，在人們還未出門時將它拋棄在人們來往頻繁的道路上，以送走窮鬼。而池陽風俗以正月二十九為窮九，要掃除屋室塵穢，投之水中，謂之「送窮」。明代很少送窮的記載，清代北方卻有不少關於送窮的祭祀習俗。山西翼城「破五」當日，人們早上起來，取少許爐灰放在筐裏，剪五個紙人，送至門外，焚香、放花炮，稱為「掐五鬼」。這天，必以刀切麵，煮而食之，名為「切五鬼」。婦女這一天不做針線活，擔心刺了五鬼眼。送窮鬼的習俗至今仍在中國許多地區流傳着。

人人生日

人日，即農曆正月初七。據民間傳說，女媧造人時，前六天分別造出了雞、狗、羊、豬、牛和馬，第七天造出了人，因此，漢民族認為，正月初七是「人類的生日」。

「人日」俗稱「人齊日」，即「七」的諧音。這一天是一個忌諱出門遠行的日子，全家人要齊全，外出的人也要盡量趕回家。如遇緊要事，也得早上出門，晚上趕回。等全家人齊全，一個也不缺，才算過好「人日」節。陝西關中地區，初七早上，家家戶戶要吃一頓長壽麵，讓人們長壽，讓老年人「福壽長存」；讓小孩長了再長，「長命百歲」。陝北一帶還有「用糠着地上，以艾炷灸之，名曰救人疾」，俗為「疾七」的習俗。「疾七」取「疾棄」、「疾去」之諧音，隱含祛凶求吉之意。

在古代，「人日」還有戴「人勝」的習俗。「人勝」是一種頭飾，又叫「彩勝」、「華勝」，從晉朝開始有剪綵為花、剪綵為人，或鏤金箔為人貼於屏風或窗戶、戴在頭髮上的習俗，因此，「人日」也稱「人勝節」。

我國南方一些地區還保有人日「撈魚生（類似吃生魚片）」的習俗，寓意「愈撈愈高，步步高升」;而在中國北方則保有用炒過的大米拌上飴糖，做成球狀或方狀食品食用的習俗，叫「響太平」，寓意「太平安康」。

老鼠嫁女

老鼠嫁女，也叫「老鼠娶親」、「鼠娶婦」，是在正月舉行的祀鼠活動，具體日期因地而異。「老鼠嫁女」、「老鼠娶親」的年畫和剪紙在我國民間被視為「吉祥物」，過年過節時貼在牆上和窗戶上，以示喜慶。老鼠嫁女的民間傳說，在中國也很流行。

傳說很久以前，一對年邁的老鼠夫婦住在陰濕寒冷的黑洞裏，眼看着自己如花似玉的女兒一天天長大。夫妻倆想替閨女找一個最好的婆家，擺脫這種不見天日的生活。於是，老鼠夫婦出門尋親。剛一出門，看見天空中火辣辣的太陽。它們覺得太陽是世間最強大的，便決定把女兒嫁給太陽，太陽拒絕了老鼠夫婦的請求，並說：「我不如你們想像得那樣強壯，黑雲可以遮住我的光芒。」於是，老鼠夫婦向黑雲求親。黑雲卻說儘管它有遮擋光芒的力量，但是只需要一絲微風，它就雲消霧散了。老鼠夫婦於是又找到了克制黑雲的風。風說它雖然可以吹散黑雲，但是只要牆一擋它就無可奈何了。老鼠夫婦又找到牆，牆卻恐懼地說它最怕的是老鼠，任憑再堅固的牆也抵擋不住老鼠打洞。老鼠夫婦面面相覷，我們老鼠又怕誰呢？對了！自古以來老鼠怕貓！於是，老鼠夫婦找到了花貓，堅持要將女兒嫁給花貓。花貓哈哈大笑，滿口答應了下來。在迎娶的那天，老鼠夫婦用最隆重的儀式送美麗的女兒出嫁。誰知，花貓從背後竄出，一口吃掉了自己的新娘。這就是老鼠嫁女的傳說。

正月初一至十五的活動

初一　祭祖。一般在子時，須燃開門鞭炮避邪。

初二 拜年。媳婦回娘家，吃元寶湯即餛飩。

初三 老鼠娶親。為免騷擾，不能熬夜，還要在地上撒些鹽米。

初四 迎神接神。一切人間神仙從天上回到人間，傍晚接神。

初五 破五。從初一到初四有很多禁忌，初五破除，照例還要吃餃子，祭祖的供品要撤，垃圾可倒，刀剪可動，稀飯可吃，商店準備開張，迎五路財神，到此主要節日過完。

初六 送窮。中國古代民間一種很有特色的歲時風俗，就是祭送窮鬼（窮神）。

初七 人日。各地習俗不同。潮州人有吃「七樣羹」的習俗。

初八 順星。眾星聚會之期，要拜星君，黃昏後點四十九盞燈，擺天地桌（院子裏），燈散放各處，叫「散燈」。

初九 玉帝誕辰。祭玉皇，祭天官。

初十 石頭節。這一天，民間忌動石器、搬石頭，習慣祭祀碾神、磨神、碓臼神、泰山石敢當神等等。舊俗除夕在石器上貼春聯後，便是禁止使用的。直至過了正月初十，才可以開封使用。

十一至十五 是元宵節。

民間宜忌

立春宜晴不宜陰。晴則諸事吉，陰乃萬事愁。

起居

立春時節，冬季的寒冷還沒有完全退去，所以在起居方面要特別注意。人體氣血亦如自然界一樣，需舒展暢達，這就要求人們夜臥早起，免冠披髮，鬆緩衣帶，舒展形體。多進行室外活動，刻服倦懶思眠狀態，使自己的身體與大自然相適應，力求身心和諧，精力充沛。

衣裝

春季氣候變化較大，天氣忽冷忽暖，人體對寒邪的抵抗能力有所減弱，所以，初春時節，特別是生活在北方地區的人不應急於脫去棉服，尤其是糖尿病患者和年老體弱者換裝尤宜審慎，不可驟減。古醫書主張春時衣着宜「下厚上薄」，先把上衣減掉一些，褲子可晚一些減，下身寧熱勿冷。這樣有助於養陽氣。特別是患有慢性支氣管炎、肺氣腫的老年人，初春時要盡量使身體「不凍不寒」，避免受涼加重疾病。許多民間養生保健諺語中，就有「春不減衣，秋不加帽」、「冬不蒙首，春不露背」等說法。

禁忌

民間以立春日為一年農事之始，所以民間有在這一天占卜豐歉的習俗，認為立春宜晴不宜陰，有「晴則諸事吉，陰乃萬事愁」的說法。山東一帶，忌諱立春日陰天，認為陰天則蟲傷禾豆。萊陽地區立春日還忌諱挑水和掏灰。說是挑了水，一年當中會精神不振，光打瞌睡；掏了灰，一年的好運就掏跑了。

雨水

陽曆二月十九日前後

獺祭魚、候雁北、草木萌動

農事氣象

春雨滿街流，收麥累死牛。

雨水三候

太陽到達黃經三百三十度，為雨水。氣溫逐漸轉暖，中國廣大地區將停止降雪，開始下雨，並且雨量將逐漸增加。雨水一到，代表寒冷的冬季降雪天氣已過去，降雨的季節來到了。從這天開始，天上落下的不再是飄飄揚揚的雪花，而是淅淅瀝瀝的春雨，並且雨量開始增多。雨水的三候分別是：初候獺祭魚，二候候雁北，三候草木萌動。

雨水時節江河解凍，水溫上升，河裏的魚開始浮出水面活動，水獺很容易捕捉到水中的魚類，水獺把捕來但吃不完的魚擺放在一起，好像陳列祭品一樣，所以有「初候獺祭魚」的說法。「二候候雁北」是說大雁冬天由北方遷往南方過冬，因春天氣溫轉暖開始結隊飛回北方的棲息地了。同時，由於春風送暖，加上春雨滋潤，大自然各種草木開始萌發新芽，即「三候草木萌動」。

冬末轉初春

雨水時節全國各地的氣候特點，總的趨勢是由冬末的寒冷過渡到初春的溫暖。在華北地區，雨水之後氣溫一般可升至攝氏零度以上，雪漸少而雨漸多；而西北、東北地區依然未曾走出冬天的範疇，天氣仍然寒冷，仍以降雪為主。至於西南、江南地區，除了雲南南部已是春色滿園外，大多數地方還是一片早春的景象。在華南地區，平均氣溫則大多在攝氏十度以上，已是桃李含苞、櫻桃花開、春意盎然了。

為農作物禦寒

雨水前後，油菜、冬麥普遍返青生長，對水份的需求較多，適度的降水量對農作物的生長非常重要。但是華北、西北以及黃淮地區，降水量一般較少，常常不能滿足農業生產的需要。若早春少雨，雨水前後應及時春灌。淮河以南地區，則以加強中耕鋤地為主，同時做好田間清溝瀝水工作，以防春雨過多，導致濕害爛根。此時華南雙季早稻育秧已經開始，應注意「冷尾暖頭」，搶晴播種，力爭一播全苗。

此外，雨水時節，是全年寒潮過程出現最多的節氣之一，天氣變化不定，忽冷忽熱，對已萌動和返青生長的農作物生長危害很大，所以要做好農作物防寒防凍工作。

雨水節氣夜雨多

春天常出現白天晴朗、夜間下雨的天氣。溯其源，中國處在季風氣候區域，冬天，氣流從大陸吹向海洋；夏天，氣流又從海洋吹向大陸。冬去春來，北方冷空氣勢力逐漸減弱，向北轉移；西太平洋一帶的暖濕空氣不斷活躍、增強北上，同時將海洋上空的水汽源源不斷地帶到中國大陸上空，使雲量大增。白天，由於太陽輻射強烈，雲中的水氣大量蒸發，雲層變薄乃至消失，形成萬里晴空。到夜晚，由於沒有了陽光的輻射，雲中的水氣便大量積聚，雲層愈聚愈厚，而雲層上部溫度降低，下部由於本身的遮蓋阻礙，地面的熱散發甚少，上冷下暖，這樣就引起空氣對流而凝結成雨。所以，春天常會在夜間降雨。

節日風俗

去年元夜時，花市燈如畫。

回娘家

在四川一帶，民間有在雨水回娘家的習俗。出嫁的女兒在這一天要帶上罐罐肉、椅子等禮物回去拜望父母，感謝父母的養育之恩。久婚未孕的女兒，也要帶上禮物回娘家，屆時母親要給女兒縫製一條紅褲子，讓其穿在衣褲裏面，據說這樣可以保證盡快懷孕生子。

元宵佳節

起源傳說紛紜

正月十五是傳統的元宵節又叫「元夕」、「元夜」、「燈節」、「上元節」等。傳說很久以前，有一年正月，一隻神鳥因迷路而降落人間，卻意外被獵人給射死了。天帝知道後大發雷霆，立即下令讓天兵於十五日夜間到人間放火，把人間的人畜通通燒死。天帝的女兒不忍心看百姓無辜受害，就冒着生命危險，偷偷來到人間，把這個消息告訴人們。眾人聽說了這個消息之後，一陣恐慌，嚇得不知如何是好。後來，有一個老人家終於想出了一個法子，他讓每戶人家在正月十四、十五、十六日這三天都張燈結綵、點響爆竹、燃放煙火，天帝就會以為人間起火，人們都燒死了，眾人聽了都點頭稱是。到了正月十五晚上，天帝往下一看，人間一片紅光，響聲震天，果然以為是大火燃燒而不再追究。人們就這樣保住了生命及財產。從此每到正月十五，家家戶戶都懸掛燈籠、放煙火來紀念這個日子，於是就逐漸形成了元宵節俗。

元宵節時吃元宵

宋代，民間流行一種元宵節吃的新奇食品。這種食品最早叫「浮元子」，後來又改稱為「元宵」，可葷可素，風味各異。可湯煮、油炸、蒸食，有團圓美滿之意。陝西的湯圓不是包的，而是在糯米粉中「滾」成的，也可或煮或油炸，以此祈望生活可以圓圓滿滿。古時，人們又稱「元宵」為「湯糰」、「圓子」或者「粉果」，有的生意人還美其名曰「元寶」。

還有另一傳說，漢武帝時，有個善於做湯圓的宮女，名叫「元宵」。由於宮廷戒備森嚴，元宵姑娘入宮三年一直不能與家人團圓，因想念父母，竟欲投井自盡。東方朔為了使元宵姑娘和父母相見，就散播說正月十六日火神君奉玉帝旨意要火燒長安。武帝聞後大驚，尋求解救之法。東方朔獻策說火神君愛吃湯圓，請武帝傳旨讓宮女元宵出宮指教庶民百姓趕做一批湯圓，在正月十五日晚供奉火神，即可消災。武帝欣然採納。於是，元宵姑娘接旨出宮後，趁趕做湯圓之機終於和家人團圓。元宵這種食品，字音諧「圓」，形狀也是圓的，這一天吃元宵，象徵着家人團圓、和睦、吉利。因為湯圓是宮女元宵姑娘做的，所以正月十五這天被稱為「元宵節」。

在閩南一帶還有個傳說，天上有位狀元天神下凡，他是個孩童，喜歡和其他孩子一起玩打火遊戲，把黑夜變成白天，於是就有了元宵節。

又叫上元節

上元，含有新一年的第一次月圓之夜的意思。據《歲時雜記》記載，上元節來源於道教。道教把正月十五稱為「上元節」，七月十五稱為「中元節」，十月十五稱為「下元節」，合稱「三元」。漢末道教的重要派別——五斗米道崇奉的神為天官、地官、水官，說天官賜福，地官赦罪，水官解厄，並以三元配三官，說上元天官正月十五日生，中元地官七月十五日生，下元水官十月十五日生。這樣，正月十五日就被稱為「上元節」。南宋吳自牧在《夢粱錄》中說：「正月十五日元夕節，乃上元天官賜福之辰。」

點燈敬佛

元宵節也稱「燈節」，元宵燃燈的風俗始於東漢明帝時期。相傳漢明帝提倡佛教，當他

袁世凱怕元宵

民國初年，袁世凱篡奪革命成果做了大總統。他一心想當皇帝，又怕人民反對，一天到晚總是提心吊膽。一天，他聽到街上賣元宵的人拉長嗓音喊「元宵」，覺得元宵兩個字有「袁消」之嫌，不免聯想到自己的命運，於是在一九一三年元宵節前下令將「元宵」的名稱改成「湯圓」或「粉果」而禁叫「元宵」，然而民間卻並不買他的賬，依然如故稱之「元宵」。

聽說佛教有正月十五日僧人觀佛舍利、點燈敬佛的做法時，就命令這一天夜晚在皇宮和寺廟裏點燈敬佛，後來這種做法從宮裏流傳到民間，人們也跟着仿效起來。每到正月十五，無論士族還是庶民都要掛燈。這個佛教禮儀節日便逐漸形成民間盛大的節日。

到了唐代，掛燈活動更加興盛，皇宮裏、街道上處處掛燈，還要建立高大的燈輪、燈樓和燈樹。宋代更重視元宵節，賞燈活動更加熱鬧，賞燈活動要進行五天，燈的樣式也更多。明代更是自初八點燈，一直到正月十七的夜裏才落燈，整整十天。這可算是中國最長的燈節了。清代賞燈活動雖然只有三天，但是賞燈活動規模很大，盛況空前，除燃燈之外，又增加了舞龍、舞獅、跑旱船、踩高蹺、扭秧歌等「百戲」內容。

送花燈

民間有元宵節「送花燈」的習俗。燈與「丁」諧音，寓意求子添丁。元宵節前，娘家送花燈給新嫁的女兒家，或一般親友送花燈給新婚不育之家，以求添丁吉兆。這一習俗許多地方都有。陝西西安一帶是正月初八到十五期間送燈，先送一對大宮燈、一對有彩畫的玻璃燈，希望女兒婚後吉星高照、早生麟子。如果女兒懷孕，則除大宮燈外，還要送一兩對小燈籠，祝願女兒孕期平安。

只許州官放火

典故出自元宵節賞燈一事，比喻統治者能夠胡作非為，而老百姓的正當言行卻處處受到限制。據說北宋時，有個名叫田登的太守，他為人蠻橫霸道，因為名字裏有個「登」字，不許百姓說「登」字，只要與「登」字同音的，都必須用其他字來代替。若有人違反，輕則鞭打，重則判刑。

一年一度的元宵佳節即將到來。依慣例，城裏要放三天焰火，點三天花燈以示慶祝。州府衙門要提前貼出告示，通知老百姓前來賞玩。這可難住了當地的官員，用了「燈」字，要觸犯太守；不用「燈」字，又不知如何說明。想了好久，最後便將「燈」字改成「火」字。這樣，告示上就寫成了「本州依例放火三日」。告示貼出後，老百姓都很氣憤，尤其是一些外地的客人更是丈二和尚摸不着頭腦，以為官府真的要在城裏放三天火，紛紛收拾行李，準備逃離。當地百姓憤憤地說：「只許州官放火，不許百姓點燈，這是甚麼世道？」

情人節

元宵節也是中國的情人節。在封建社會，年輕女孩不允許出外自由活動，但是過節時卻可以結伴出外遊玩。元宵節賞花燈正好是個交友的好機會。未婚男女借着賞花燈為自己物色對象。平時沒有機會相見的情人，也可以借着元宵節觀燈的時機相見。宋代朱淑真的《生查子》云：「去年元夜時，花市燈如晝。月上柳梢頭，人約黃昏後。」傳統戲曲中的陳三和五娘在元宵節賞花燈時一見鍾情；樂昌公主與徐德言在元宵夜破鏡重圓；《春燈謎》中宇文彥和影娘在元宵節定情。從這些愛情故事看來，元宵節確實是中國的情人節。

走百病

走百病又稱「烤百病」、「散百病」，是元宵節的習俗，在元代便已出現，參加者大多是婦女。走百病必須在特定的時間進行，一眾婦女聚在一起，或走牆邊，或過橋，或走郊外，目的是祛病除災。據清康熙《大興縣誌》載：「元宵前後，賞燈夜飲，金吾夢池。民間擊太平鼓，走百索，婦女結伴遊行過津橋，曰：『走百病』。」

猜燈謎

猜燈謎又叫「打燈謎」、「射燈謎」、「打燈虎」，因燈謎難猜，如同射箭、打虎，所以得此名。這一習俗始於宋朝。南宋時，每逢元宵節，在首都臨安制謎、猜謎的人眾多。一開始是有好事者把謎語寫在紙條上，貼在五光十色的彩燈上供人猜。後來因為謎語能啟迪智慧又饒有趣味，於是便在民間流行起來。

元宵花燈

正月十四鬧元宵

在浙江台州，自明嘉靖以來，總是正月十四鬧元宵。據說這是源於戚繼光抗倭留下的「一方鄉風」。

正月初，戚繼光平倭之後，回到台州。他一進城，便在大街小巷貼出佈告，聲言正月上元之夜，軍民一起歡度佳節，主帥與大家共飲慶功酒。有奸細把佈告的內容告知盤踞在台州灣的倭寇。正月十四晚上，這幫倭寇傾巢出動，攻打台州府城。戚繼光早有準備，那就是「誘鱉入甕」之計。當晚，剿倭無數，大獲全勝，軍民便提前一天歡慶元宵，共賞花燈。從那一年起，台州人就於正月十四鬧元宵。

每年元宵節，台州地區各家各戶還要燒「糟羹」（又叫山粉糊）吃。傳說當年戚繼光率軍在臨海築城，天降大雪。百姓紛紛送來米飯、粉絲、芥菜等食物。但天氣冷，送來的飯菜很快就涼了。百姓便抬來幾口大鍋，把大家送來的食物倒在一起，燒成「大鍋羹」。戚繼光見了，深為感動，並受到啟發，叫手下去買酒糟來，攙入大鍋羹裏。因為酒糟含有酒的成份，吃了能增加人體的熱量，既充飢、解渴，又暖身子，人人稱讚味道好。後來，戚家軍凡是冬天抗倭打仗，周圍百姓便都會拿來米飯、粉絲、芥菜等食物，做成熱氣騰騰的糟羹，送到戰場上去。從此，臨海老百姓每逢元宵節家家戶戶都燒糟羹吃。

燈籠會

民間的打燈籠活動，從正月初五起，一直玩到正月十六。最後三天，進入玩燈籠的高潮，即「大鬧花燈」。「鬧」者，相互媲美之意也。一曰「試燈」，躍躍欲試的意思。二曰「鬧燈」，即正月十五晚上，是重點表演燈籠的一個晚上，要大鬧特鬧，大有「不鬧出一個高水平，決不罷休」的氣勢。三曰「完燈」，是指正月十六的晚上，燈節過完了的意思。當天夜裏，燈展活動進入尾聲，這時候，男孩的燈籠碰打女孩的燈籠，或男孩女孩之間的燈籠對打。這是因為按照傳統的風俗，今年的燈節過完了，必須把燈籠打爛、燒毀，圖個吉利，明年另有新的花燈。

偷菜節

每年的農曆正月十五是貴州省黃平地區苗族的偷菜節。節日當天，姑娘成群結隊去偷人家的菜，所偷的菜是白菜。偷菜與她們的婚姻大事有關，是不能夠偷本家族和同性朋友家的。偷者不覺慚愧，失菜者也不予究問。大家把偷來的菜集中在一起，做白菜宴。據說誰吃得最多，誰就能早得意中人，她所養的蠶會長得最壯，吐出的絲也最多、最好。

巴烏節

巴烏節是彝族的傳統節日，時間是在每年的農曆正月十五。「巴烏」意為「打獵歸來」。節日這天，當地人們要跳巴烏舞。巴烏舞由十二面木鼓、十二面鉈鑼和十二支嗩吶組成樂隊伴奏，由三十六名年輕女子披上虎、豹、熊、鹿、虎、兔、狐等的毛皮，或者頭插錦雞和各種雀鳥的羽毛，裝扮成飛禽走獸，圍繞火堆踏歌起舞，模仿各種動物的姿態和叫聲。獵手則手持弓弩或鋼叉，將「獵物」圍住，朝「獵物」旋轉的相反方向，表演各種狩獵動作。節日期間，還有耍龍燈、獅燈、白鶴燈等活動。

迎紫姑

紫姑也叫「戚姑」，北方多稱「廁姑」、「坑三姑」。傳說紫姑原名何媚，字麗卿，唐武則天時的山東萊陽人。她相貌美麗，壽陽刺史李景便害死她的丈夫，並納她為侍妾，對她寵幸有加。李景的原配夫人非常妒恨，於是在正月十五夜裏將她害死在廁間。天帝憐憫她，就將她封為廁神。還有另一種說法，紫姑是一個善良的貧窮姑娘，因貧窮而死。百姓同情她、懷念她，於是便出現了「正月十五迎紫姑」的風俗。每到這一夜，人們用稻草、布頭等紮成真人大小的紫姑肖像。一眾婦女紛紛站到紫姑幹活的廁所、豬圈和廚房旁邊迎接她，像對待親姐妹一樣，拉着她的手，跟她說貼心話，流着眼淚安慰她。場面十分溫馨，此俗真實地反映了勞苦民眾善良忠厚、同情弱者的思想感情。除此之外人們還燒香祭拜她，以占卜年景的好壞，甚至占卜眾事。

女媧補天

天穿節，又稱「補天穿」、「補天漏」、「補天地」、「天飢日」，在每年的正月二十舉行。相傳這一天為女媧補天日。遠古時候，世界上只有女媧一個人。她十分孤單寂寞，於是用黃土為泥，捏造成人的形象，世界上才有了人類。這時，天上的神仙發生了衝突，打起仗來，把天踩塌了半邊，露出個大窟窿，大地成了橫一道豎一道的深坑。結果造成天崩地裂，火山爆發，洪水浩蕩，猛獸巨鷹到處橫行撲食人類，人類面臨滅頂之災。女媧為了保護自己的子孫後代，就採來五色彩石日夜冶煉，煉了七七四十九天，也就是正月二十，終於把破裂的天空修補好。為了結實起見，女媧還斬了烏龜的四隻腳，作為天柱，撐住了天；並且殺死猛獸巨鷹，治退洪水，使百姓安居樂業。人們為了紀念女媧「補天補地」的神功，就在正月二十吃烙餅、煎餅，並要用紅絲線繫餅投在房屋頂上，謂之「補天穿」，也稱為「天穿節」。

天穿節為信仰女媧遺風。其內容有兩種形式，一是以紅線繫煎餅放在屋頂上，叫「補天」；一是以煎餅放於庭中，叫「薰天」。在陝西關中產麥地區，家家戶戶都要烙鍋盔（或飥饃）、攤煎餅，由祖母或主婦當眾切開鍋盔和煎餅的一小塊，拋向房頂，象徵「補天」；接着又拋向井裏，象徵「補地」。之後再把其餘的鍋盔、煎餅、飥飥饃，全部分給家裏的男女老少，每人一份，一個也不能少。渭北等地還有烙「菜合合」的，名曰「補天補地『菜合合』」。這種鍋盔、煎餅、飥飥饃都是圓形的，專為「補天補地」而作，所以叫做「補天餅」。甘肅河西走廊各縣，每逢此日，主婦都要做一大煎餅，上插一枚穿有紅線的針，並把它置於廚房房頂的天窗上，全家人在院中高聲喊：「補住了沒有？」主婦答：「補住了！」然後持餅下梯，全家喜笑顏開，將餅分而食之。

民間宜忌

忽冷忽熱，宜注意保暖。

起居

雨水之前天氣寒冷，雨水之後大部分地區氣溫升高，氣候變暖，可以明顯感覺到春天的氣息了。而這時仍是寒潮來襲的時節，人們的情緒容易因為天氣的變化而產生波動，往往對健康造成不良影響，尤其是對高血壓、心臟病、哮喘患者更是不利。

着裝

雨水時節，天氣忽冷忽熱，人們要注意保暖，不要銳減衣服，因為隨着氣溫回升，人的毛孔開始擴張，對不時襲來的冷空氣抵禦能力還很差，容易患病，所以要及時保暖。

驚蟄

陽曆三月五日前後
桃始華、倉庚鳴、鷹化為鳩

農事氣象

驚蟄有雨並閃雷，麥積場中如土堆。

驚蟄的意思

《月令七十二候集解》云：「二月節萬物出於震，震為雷，故曰『驚蟄』，是蟄蟲驚而出走矣。」「蟄」是「藏」的意思。動物鑽進土裏冬眠叫入蟄。驚蟄時節，春雷乍響，於是人們就以為於地下冬眠的蟲子受到了驚嚇而從土中鑽出，開始新一年的活動。但是事實上使冬眠動物甦醒出土的，並不是隆隆的雷聲，而是氣溫回升到適宜它們活動的程度，它們才出來的。

驚蟄三候

太陽到達黃經三百四十五度，為驚蟄。雷鳴開始，驚動萬物，氣溫、地溫漸漸升高，土地已解凍，春耕開始，蟄伏地底冬眠的動物開始甦醒和出土活動。

驚蟄三候，即「初候桃始華，二候倉庚鳴，三候鷹化為鳩」。驚蟄的頭一個候指的是桃樹開始開花，如霞似錦，讓人沉浸在無盡的美景之中；二候中的「倉庚」即黃鸝鳥，仲春季節，黃鸝鳥在開滿鮮花的樹枝間跳躍，鳴唱着美妙的歌兒；三候時，天空中已經看不到雄鷹的蹤跡，取而代之的是斑鳩的鳴叫。

從驚蟄的三個物候現象顯示，由於春風送暖，春雨滋潤，春雷催醒，這個時節的大自然，不論是植物還是動物，都進入了旺盛的生命期。展現在人們眼前的是小麥返青，桃花盛開，春草嫩香，百鳥啼鳴，滿目生機的美麗景色。

吃梨

民間素有驚蟄吃梨的習俗。春回大地，乍暖還寒，氣候比較乾燥，很容易使人口乾舌燥、外感咳嗽。生梨性寒味甘，有潤肺止咳、滋陰清熱的功效。所以，梨特別適合在這個季節食用。

氣溫回升最快

驚蟄時節，春光明媚，萬象更新，生機盎然。有些地區已是桃花紅、梨花白、黃鶯鳴叫、燕飛來的時節。

驚蟄時節，大部分地區平均氣溫為攝氏十二至十四度，較雨水時節升高三度以上，是全年氣溫回升最快的時節。日照時數也有較明顯的增加。但是因為冷暖空氣交替，天氣不穩定，氣溫波動甚大。華南、東南部長江河谷地區，多數年份驚蟄期間氣溫穩定在攝氏十二度以上，有利於水稻和玉米播種，其餘地區則常有連續三天以上日平均氣溫在攝氏十二度以下的低溫天氣出現。驚蟄雖然氣溫迅速回升，但是雨量的增多卻有限。華南中部和西北部，驚蟄期間降雨總量僅十毫米左右，繼常年冬乾之後，春旱開始露頭。

打雷要合時

驚蟄期間何時打雷對農作物有很大的影響。如果雷打在驚蟄前，那麼這一年的雨水就特別多。農諺有「未到驚蟄雷先鳴，必有四十五天陰」。而這樣多雨的天氣對山區的農作物生長很有好處。「雷打驚蟄前，高山好種田。」雨水多，山區農田就好排水。如果雷打在驚蟄日當天，那麼這一年一定是豐收年。如果驚蟄過了好多天都未聽到雷聲，那麼這一年就會因為缺雨水而影響收成。

驚蟄暖和和，蛤蟆唱山歌。

驚蟄時節，氣溫回暖。當氣溫、地溫回升到攝氏十度左右時，蟄伏在地底的蛙類、蛇類便從土壤中、洞穴裏爬出來活動，田野裏便開始有蛤蟆的鳴叫聲，這就是蛤蟆唱山歌。

節日風俗

驚蟄白虎出動，口舌易招尤。

祭白虎

驚蟄日，也叫「白虎日」。民間有驚蟄日祭白虎的習俗。祭白虎，是指拜祭用紙繪製的白老虎。紙老虎一般為黃色黑斑紋，口角畫有一對獠牙。拜祭時，要用肥豬血喂之，使其吃飽後不再出口傷人，然後再用生豬肉抹在紙老虎的嘴上，使之充滿油水，不能張口說人是非。民間傳說白虎是口舌、是非之神，每年到了驚蟄這一天都會出來覓食，開口吃人。大家為了自保，便在驚蟄這天祭白虎。

打小人

驚蟄會喚醒所有冬眠中的蛇蟲鼠蟻，家中的爬蟲走蟻又會應聲而起，四處覓食。所以古時驚蟄當日，人們會手持清香、艾草薰家中四角，以香味驅趕蛇、蟲、蚊、鼠和霉味，久而久之，演變成不順心者拍打對頭人和驅趕霉運的習俗，這就是「打小人」的前身。後來演變為每年驚蟄，婦人一邊用木拖鞋拍打紙公仔，一邊唸着打小人的咒語。

炒驚蟄

炒驚蟄的習俗流行於廣東大埔等地。當地有一種黃蟻，只要有人家藏了糖果之類的東

驚
蟄

西，就會有很多黃蟻來吃，所以當地人都非常厭惡黃蟻。於是，每年驚蟄日夜，家家戶戶炒黃豆或麥粒，炒完春後又炒，反覆多次，邊做邊說：「炒炒炒，炒去黃蟻爪；春春春，春死黃蟻公。」民間認為這樣做可以減少黃蟻的危害，並且當年家中將不會有蟻螻出現。

中和節

起源

農曆二月初二是中國民間傳統的「中和節」。中和節始於唐代。節日內容為祭祀日神曦和與春神句芒，同時勸課農桑、祈求豐年。在《山海經》裏，曦和是生育十個太陽的大神；在屈原的筆下，曦和是個駕馭太陽神馬車的馭手；在天文學史上，曦和是個觀天象、授農時的天文學家；《楚辭》王逸在「注」中確認：「曦和，日神。」自然界的所有生命都是依靠太陽提供的光和熱而生存的，人們崇拜和祭祀日神是發自內心的情感，中國先民亦然。春神句芒是草木與生命之神，早在周代就有祭祀芒種、祈求豐年的儀式。

民俗活動

中和節民間有吃太陽雞糕的習俗。太陽雞糕，也叫「太陽糕」，簡稱「陽糕」，是用糯米先製成糕，再在糕上用米麵做一隻一寸長的象徵雞的動物，或在糕上印上象徵雞的圖形。據考證，太陽雞糕上的雞狀物或圖，實際上就是代表太陽的鳳凰。吃太陽雞糕和以太陽雞糕祭日，都是紀念和禮敬日神的表示。

中和節在唐代十分盛行。每到節日，皇帝都要循例祭祀日神，還要舉行隆重的耕種儀式，象徵性地賞賜百姓五穀，以示勸民努力耕織。民間則有親友聚會、飲中和酒、祭祀日神春神、互贈農具、勉勵耕作、祈求豐收等活動。到了宋代，節日內容又增加了祈子、祭孔等儀式。城裏的男女還相約於這一天結伴去郊外探春、掃墓和祭祖。到了清代，在東北華北地區，這天日出之後，家家都在門前設案焚香，擺上一碗米或幾碗太陽糕，歡慶「太陽生日」、禮敬「日神」。

龍抬頭日

來源

農曆二月二，又叫「龍抬頭日」。它的來歷與中國古代二十八星宿的劃分有關。二十八星宿就是二十八個天區，它是用來表示日月星辰在天空中的位置的。二十八星宿又分為四個部分，稱「四象」或「四神」，即東方蒼龍、北方玄武、西方白虎、南方朱雀。東方蒼龍一象由角、亢、氐、房、心、尾、箕七宿組成。角宿為龍的角，亢宿為龍的頸，氐宿為龍的胸，房宿為龍的腹，心宿為龍的心，尾宿為龍的尾。在正月之前，東方蒼龍是隱沒在地平線以下，看不見的，傳說此時龍正在蟄伏。而到了二月二日早晨，東方蒼龍星座的龍角星會從東方地平線上出現，而整個蒼龍的身子都還未顯露，故稱「龍抬頭」。

引龍回

明沈榜《宛署雜記．民風（一）》說：「『龍抬頭日』，鄉民用灰自門外委蛇佈入宅廚，旋繞水缸，呼為『引龍回』。」其實，此俗在元代已有，流行於北京、山東等地。農曆二月初二，家家戶戶用石灰在戶外水井撒一圈，然後引向屋內牆根灶腳等處，彎彎曲曲地像龍蜿蜒入室，以祈吉祥發財。也有的直接由門外撒石灰入屋。山東慶雲縣農家用糠從井引至家中水甕，樂陵、商河、濱州、惠民、無棣等則用灶灰代之。

炒豆豆

在北方，農曆二月二有炒豆豆的習俗。炒豆豆有很多種，用大米炒的稱「米花」；用包穀豆炒的，稱「包穀花」；用大豆炒的，稱「豆花」。還有一種叫做「棋子旦」，是用麵粉加水和成麵團，搓成條狀，再切成小方塊，像棋子一樣，最後再用火炒熟。這些食品在爆炒時都會發出一種響聲，就像鞭炮齊鳴一樣，是為了祝賀龍的抬頭，也是獻給龍的一份珍貴食品。

薰蟲

明清以來，在二月初二還增添了薰蟲的活動。《帝京景物略》卷二載：「二月二日龍抬頭，煎元旦祭餘餅，薰床炕，曰薰蟲兒，謂引龍，蟲不出也。」明代劉若愚《酌中志》也提到：「各家用黍麵棗糕，以油煎之，或白麵和稀攤為煎餅，名曰：『薰蟲』。」薰蟲的習俗是過去人們防止害蟲禍害，確保五穀豐登的辦法之一。農曆二月初二，天氣漸漸變暖，蟄居的昆蟲都開始活動了，為了消滅那些對人體有害的蟲子，人們就在這一天用油煎食物、攤煎餅等辦法，憑藉煙氣薰死蟲子。

龍頭節

二月二，又稱「春龍節」、「龍頭節」，傳說和武則天有關。傳說玉皇大帝看到武則天性情惡毒，廢唐立周稱帝，龍顏大怒。為了懲罰武則天，命令龍王三年不得向人間降雨。沒過多久，人間由於缺少雨水，人們流離失所，飢民眾多。龍王不忍生靈塗炭，就違抗玉帝的旨意，偷偷為人間降了一次雨。玉帝知道後，把龍王打下凡間，壓在山下，並說：「除非金豆開花才放龍王出來。」於是人們為了拯救龍王，到處尋找開花的金豆。翌年二月初二，人們翻曬玉米種子，發現玉米就像金豆，只要炒一炒就開花，這不就是金豆開花嗎？於是家家戶戶將玉米花擺放在院子裏，並且還擺上酒菜供奉玉皇大帝，希望玉皇大帝可以看見金豆開花。玉皇大帝看到後，果然把龍王放了。於是龍王又抬起頭來耕雲播雨，滋潤禾苗，造福農人。

剃龍頭

在中國北方，民間在二月二這天要理髮，俗稱「剃龍頭」。按照習俗，正月不能理髮，否則會給舅舅帶來災禍，輕者丟財受傷，重者性命不保。有俗諺說：「正月不剃頭，剃頭死舅舅。」人們在臘月理過髮，進了正月就不再理髮，直到二月二。這一習俗至今仍舊流行於民間。俗信這一天理髮就相當於「龍抬頭」，能夠帶來好運。有些地方的人們認為如果這天不理髮，則抬不起頭做人，以後會沒有出息。

二月二迎富

唐人在正月「晦日送窮」之後，緊接着就是二月二「迎富」，即是迎接「富神」。相傳，古時候有一戶人家的兒子，被鄰家於二月二日求得並歸養，誰知鄰家不久就由貧窮轉為富足，後來竟然成為良田百頃、騾馬成群的一方富戶。因其子樂善好施，為富而仁，死後被薦為「富神」。所以後人認為，二月二是一個由窮轉富的吉日，於是人們就於此日祭富神以迎富，並成為習俗。據說富神在世時生活儉樸，粗茶淡飯，最喜食野菜，特別是「茵陳蒿」，

龍的禁忌

龍的地位神聖，因此「龍頭節」有很多禁忌，以免傷害神龍，影響來年時運；忌動針線，不能動針、刀、剪子，怕傷了「龍目」，招致災禍；忌擔水，以防擔回了龍子，驚動了龍，把好年景都破壞了；忌洗衣，有些地方還要停止洗衣，說是恐「傷了龍皮」；忌磨麵，不磨麵、不碾米、不行大車，怕「砸斷了龍腰、龍尾」。

於是人們就挑野菜獻給他。唐韓鄂《歲華紀麗》有「後以此日出野田采蓬，茲向門前以祭之，以迎富」的記載。此俗盛於唐宋兩代，其後記載甚少。

二月二食俗

在春龍節，人們有吃「龍」食的習俗，這一天所吃的各種食物都冠上龍字，吃麵條叫「挑龍頭」，烙餅叫「龍鱗」，餃子叫「龍耳」，米飯叫「龍子」，炸油糕叫「吃龍膽」，吃爆米花也有好彩頭：「金豆開花，龍王升天，興雲布雨，五穀豐登。」吃豬頭肉更是不可少。古時，豬頭是上等貢品，因為主管降雨的龍王關係到一年的生計，所以人們要把最好的祭品供奉給龍王，以求豐收。南方蘇杭等地在這一天要吃「撐腰糕」，它是由隔年年糕切成薄片後油炸而成的。據說吃了這種糕可使人，特別是女人的腰部更硬朗。

民間宜忌

蟄有雷鳴，蟲蛇多成群。

起居

驚蟄時節，江南常出現「倒春寒」現象，並且要持續很長時間，而北方的天氣比南方更寒冷，所以說「春捂」在此節氣中還很重要。尤其是老年人，在此節氣中不要因天氣變暖而過多地減衣服，應該隨着溫度的變化適時地增減衣服。這個時節，人的肝火容易旺盛，尤其是老年人一動怒，肝火升騰，容易得眩暈中風之病，所以更應注意衣着，以確保身體健康。

春捂

是指在春季，氣溫剛轉暖時，不要過早脫掉棉衣，要使身體產熱散熱的調節與冬季的環境溫度，處於相對的平衡狀態。

民間認為驚蟄是開始有雷鳴的時節。驚蟄日及驚蟄日後聽到雷聲是正常的，主年景好，風調雨順，五穀豐登。但忌諱在驚蟄日之前響雷。江蘇一帶有諺語云：「未蟄先蟄，人吃狗食。」即是說如果在驚蟄日之前聽到雷聲，就預兆這年是凶年。但在貴州一帶，卻忌諱在驚蟄日有雷聲。有諺云：「驚蟄有雷鳴，蟲蛇多成群。」俗以為驚蟄日聞雷聲，則夏季毒蟲必多。

春分

陽曆三月二十一日前後
玄鳥至、雷乃發聲、始電

農事氣象

春分有雨家家忙，先種豆子後育秧。

春分三候

太陽到達黃經零度，為春分。春分、秋分古時統稱日夜分，即白晝與黑夜相等。春分是春季三個月九十天的中點，這天太陽光直射在赤道上。春分日日晝夜平分，正當春季九十日之半，故稱「春分」。春分這一天，陽光直射赤道，其後陽光直射位置逐漸北移，開始晝長夜短。春分是個比較重要的節氣，它不僅有天文學上南北半球晝夜平分的意義，而且在氣候上也有比較明顯的特徵。春分時節，除青藏高原、東北、西北和華北北部地區外都進入明媚的春天。

春分傳統物候有三：初候「玄鳥至」，春分時節，在南方過冬的鶴又飛回來了。二候「雷乃發聲」，隨着春雨的增多，空中傳來轟隆沉悶的春雷聲。三候「始電」，由於空氣潮濕，雨量增多，隨着隆隆的春雷聲，人們可以看到凌空劈下的閃電。

春分的三個物候現象顯示，春分時節，風師、雨伯、雷公、電母一齊上，弄得春天好有生氣。這時，「地氣已貫通」，大部分地區進入「驚蟄到春分，下種莫放鬆」的春耕春播季節。

氣候特點

風沙多

春分時節，西北大部分、華北北部以及東北地區仍處於冬春的過渡階段，晴日多風，並多伴有揚沙，塵土飛揚的天氣不利於身體健康，出門應戴口罩。

春旱

在北方，尤其是西北、華北有「春雨貴如油」和「十年九春旱」之說，冬小麥在越冬階段對雨水的需求量較少。進入三月份後，土壤解凍，小麥返青，如果此時降水偏少，旱象就會明顯地反映出來，所以要做好抗禦春旱的準備，不僅麥子播種要深度合適，還要增施鉀肥，及時灌水，保護好幼苗。

倒春寒

初春時節，氣溫回升過快，之後又出現一段時間氣溫持續偏低，這種天氣現象被人們稱為「倒春寒」。倒春寒主要影響的是南方的早稻爛秧，所以，要及時在「冷尾暖頭」天氣做好早稻育秧工作。

節日風俗

春分祭日，秋分祭月。

明清皇帝祭日

在周代，春分就有祭日儀式。《禮記》：「祭日於壇」。孔穎達疏：「謂春分也」。此俗歷代相傳。清潘榮陛《帝京歲時紀勝》：「春分祭日，秋分祭月，乃國之大典，士民不得擅祀」。

日壇坐落在北京朝陽門外東南日壇路東，又名朝日壇，它是明、清兩代皇帝春分日祭祀太陽之地。朝日定在春分的卯刻，每逢甲、丙、戊、庚、壬年份，皇帝親自祭祀，其餘年歲由官員代祭。

祭日雖比不上祭天與祭地典禮，但儀式也頗為隆重。明代皇帝祭日時，用奠玉帛，禮三獻，樂七奏，舞八佾，行三跪九拜大禮。清代皇帝祭日禮儀有迎神、奠玉帛、初獻、亞鮮、終獻、答福胙、車饌、送神、送燎等九項議程，也很隆重。如今的日壇已告別了祭日敬神的時代，成了人們休閒娛樂的公園。

春牛圖

春分到時，便出現挨家挨戶送圖的現象，此圖名曰「春牛圖」，是於二開紅紙或黃紙上印上全年農曆節氣以及農夫耕田的圖樣。送圖者都是些民間善言唱者，主要說些春耕和吉祥不違農時的話，每到一家都會即景生情，見什麼說什麼，說到主人開心而掏錢出來為止。言詞雖隨口而出，卻句句有韻動聽。俗稱「說春」，說春人便叫「春官」。

吃春菜

昔日嶺南四邑（現在加上鶴山為五邑）開平蒼城鎮的謝姓人家，有個不成節的習俗，叫做「春分吃春菜」。「春菜」是一種野莧菜，鄉人稱之為「春碧蒿」，多是嫩綠的，約有巴掌那麼長。逢春分，全村人都去採摘春菜。採回來的春菜一般與魚片「滾湯」，名曰「春湯」。有順口溜道：「春湯灌臟，洗滌肝腸。闔家老少，平安健康」。一年自春，人們祈求的是家宅安寧，身強力壯。

春牛圖
日

豎蛋遊戲

每年春分，世界各地有數以千萬計的人都在做「中國民俗豎雞蛋」的遊戲。玩法是挑選一個光滑勻稱的新鮮（剛下四五天）雞蛋，輕手輕腳地在桌子上把它豎起來。春分成了豎蛋遊戲的最佳時光，故有「春分到，蛋兒俏」的說法。

春分是南北半球晝夜都一樣長的日子，呈六十六點五度傾斜的地球地軸與地球繞太陽公轉的軌道平面處於一種力的相對平衡狀態，有利於豎蛋。其次，春分正值春季的中間，不冷不熱，易於集中精神、成功豎蛋。更重要的是，雞蛋的表面高低不平，有許多突起的「小山」。「山」高零點零三毫米左右，山峰之間的距離在零點五至零點八毫米之間。根據三點構成一個三角形和決定一個平面的道理，只要找到三個「小山」和由這三個「小山」構成的三角形，並使雞蛋的重心線通過這個三角形，那雞蛋就能豎立起來。此外，要選擇生下四至五天的雞蛋，因為此時雞蛋的卵磷脂帶鬆弛，蛋黃下沉，雞蛋重心下降，有利豎立。

戒火草

梁代宗懍《荊楚歲時記》中說：「南北朝時，江南人春分這天在屋頂上栽種戒火草，如此就整年不必擔心有火災發生了。從古代民俗角度看，此類說法不僅體現了人們對平安生活的美好期望，而且反映出人們對防備火患的重視。

一種載入《本草綱目》的藥用植物——景天，有慎火、戒火、辟火等異名，相傳是火災的剋星。它可能就是南北朝時《荊楚歲時記》所記的戒火草，春分那天，「民並種戒火草於屋上」。明代《群芳譜》說：「景天南北皆有，人家多種於中庭，或盆栽置屋上，以防火。」這樣的風俗也見於地方誌書，如安徽《歙縣誌》記：「謹火，即慎火，一名景天……有盆養屋上以避火者。」

相傳仙人掌也「辟火」。清乾隆年間《泉州府志》說：「戒火，一名仙人掌，形如人掌，人家以罐植之屋上，云可禦火災。」被古人納入「火災剋星」的還有樹木，如江蘇泰州民俗，認為黃楊辟火。贛東北地區民俗，開水塘、種樟樹以防火災。舊時還有一些地方，在門前插柳以防火患。

黏雀子嘴

春分這一天農民都按習俗放假，每家都要吃湯圓，而且還要把十多個或二三十個沒有餡的湯圓煮好，用細竹叉插着置於室外田邊地坎，名曰：「黏雀子嘴」，免得雀子來破壞農作物。

逐疫氣

安徽南陵稱春分為「春分節」。這天黃昏，鄉村的兒童會爭相敲打銅鐵響器，聲傳村外，東鄉叫「逐厭貓狗」，北鄉叫「逐疫氣」，南鄉叫「逐貓狗」，西鄉叫「逐野貓」。廣東陽江婦女在這天到山上採集百花葉，舂成粉末，與米粉和在一起做湯麵吃，說是能清熱解毒。

釀酒

明嘉靖二十五年王村就有「春分釀酒拌醋」的習俗，這項習俗現在還流行於北京、天津、河北、山東、山西、浙江等地。

祭祖

清代春分前後，官府和世家大族在春分日祭宗祠。山東平陰春分日祭祖先，貴州平壩春分日建有祠堂的家族要聚集在一起祭宗祠，浙江宣平這天祭家廟。

賽會

雲南鶴慶一帶的白族，春分日中午舉行「賽會」，各家將頭年收割的稻穀、包穀、小麥、蠶豆及各種瓜果，拿來互相評比，並交流生產經驗。

花朝節

花期

農曆二月十五日是花朝節，又稱「插花節」或「花節」。花朝，即百花的生日。給百花做生日，屆期有種花、賞花、賞紅、撲蝶的活動。此俗流行於全國多數地區，但節期不太一致。浙江、東北等地在十五日，山西有的地區則在二月二日，就連河南的洛陽、開封，節期也分別為二日和十二日。各地花朝節的節俗內容也不盡相同。江蘇一些地區有賞紅之俗；河南開封有撲蝶會；北京有文人雅士賦詩唱和、賞牡丹之俗；上海、浙江有節日時吃撐腰糕的習俗，認為吃後腰可以不疼；民間又有以花朝之陰暗占果麥豐歉、百花盛衰的俗信。

百花糕點

百花糕是花朝節的特色食品，而且花粉類食物有益於健康。採摘新鮮的花瓣，和着糯米粉，全家人一起親自動手做，更有節日氣氛。做好後，鄰里之間互相饋贈，增進友情，和諧關係。百花糕至今已成為民俗小吃。

觀音誕辰日

佛教傳說觀音菩薩誕辰日為農曆二月十九日，所以這一天被稱為「觀音誕辰」。民間信徒於此日以各種方式慶祝或祈禱菩薩保佑，放生是觀音誕辰日的重要活動之一。以前上海的老城隍廟和新城隍廟內都有放生池，廟附近的花鳥市場大量出售烏龜、活魚供信徒放生。近郊的農民也挑着剛從河裏撈上來的田螺供人放生。以前工作人員清理池塘時經常可以逮到百年老龜，這可能就是當年的放生之物。

挑青節

農曆二月十九日是人們祈求觀音菩薩保佑而放生的日子，但這一天又是上海人吃田螺的「挑青節」。據《滬諺》中講：「二月十九，晚食田螺，稱挑青節。」白天信徒出錢買田螺放生，夜裏人們又吃田螺過節，不是有點滑稽嗎？這要從經濟上分析，白天成群結隊的鄉下人把大量田螺運進城裏供人放生，出現了供過於求的現象。到了傍晚，無法脫手的田螺只能壓價出售，舊時的上海人又專於這一天買廉價田螺吃，久而久之就形成了節日。田螺於清明之後開始產子，「田螺勿吃清明」，二月十九一般在清明前幾天，擇此日吃田螺也是有道理的。

民間宜忌

春分陰陽二氣平衡，氣血運行要保持。

起居

由於春分節氣平分了晝夜、寒暑，人們應注意保持人體的陰陽平衡狀態。這是養生的關鍵之所在，遵循這一基本原則來進行科學合理的調節和保健，能夠達到更好的養生目的。

從八卦記時法可以看出春分時節為四陽二陰。這時陽氣已經十分強壯，大地上的所有生物都強壯起來，包括細菌。又由於八卦中還存有兩個陰爻，所以天氣也會時有變冷的現象。春分時，暖濕氣流活躍，冷空氣活動也比較頻繁，需要將居室安排得舒適有序，這樣對身心健康是很有益的。比如將客廳佈置得溫和舒暢，同室外的陰雨天氣形成反差，又同風和日麗的天氣相和諧，使自己有一個好心情；另一方面還要保持室內衛生和室外衛生，把不起眼的角落和陰暗死角的污垢清掃乾淨，殺死細菌，減少空氣污染；還要注意調節好室內的溫濕度，這樣才能更好地適應身體的溫度。

宜養氣血

春分時節，自然界陰陽二氣自此基本達到了平衡，尤其是春分交節的幾天，由於天氣變化較大，溫度和濕度也有較大差異，以致體質較弱的人易在此時生病，有舊病的人容易復發。此時是陽氣逐漸強盛於陰氣的轉折點，人體氣血、陰陽的運行也在因時而變。此節氣人體陽氣也表現略盛，人體血液處於旺盛期，代謝加快，激素水平處於高峰，所以要特別注意養氣血，使氣血運行不致過旺，以保持陰陽平衡。

清明

陽曆四月五日前後

桐始華、田鼠化為鴽、虹始見

農事氣象

清明前後怕晚霜，天晴無風要提防。

清明三候

太陽到達黃經十五度，為清明。清明天氣清澈明朗，氣溫轉暖，草木萌發，萬物欣欣向榮。各地有掃墓栽柳等習俗。清明時節，氣候清爽溫暖，草木始發新枝芽，天空清澈明淨，「清明」二字，反映了此時的季節現象。清明前後的氣溫非常適合植樹造林，也是人們到郊外掃墓踏青的時候，而農家則進入了春耕大忙的緊張季節。

清明三候指的是初候桐始華，清明時節，山坡上的桐樹開出了淡紫色的花朵，微風吹過，便飄來一陣陣沁人心脾的幽香；二候田鼠化為鴽，廣闊的田野裏很難看到田鼠的蹤跡，取而代之的則是處處有鴽鳥的鳴叫。三候虹始見，清明後，雨量逐步增加，氣溫也繼續上升，空氣中水汽含量高，在明朗的陽光照耀下，天空中會映出七色的彩虹，給本已繽紛多彩的大地再添瑰麗。

農事活動

清明時節，除了東北與西北地區外，大部分地區的日平均氣溫已升至攝氏十二度以上，大江南北、長城內外，到處是一片繁忙的春耕景象。黃淮地區以南的小麥即將孕穗，油菜已經盛開，東北和西北地區的小麥也進入拔節期。該時節，應抓緊搞好後期的肥水管理和病蟲防治工作。北方的旱地作物、江南早中稻進入大批播種的季節，要抓緊時機搶晴早播。清明時多種果樹，進入花期，要做好人工輔助授粉，提高坐果率。華南地區的早稻栽插掃尾，耘田施肥應及時進行。各地的玉米、高粱、棉花也將要播種。與此同時，茶樹新芽抽長正旺，要注意防治病蟲；名茶產區已陸續開採，應嚴格遵守科學採制，確保產量和品質。

清明時節冷空氣仍有一定勢力，天氣冷暖多變，應注意防禦低溫和晚霜凍天氣對小麥、水稻秧苗和開花果樹以及其他春播作物造成危害。

節日風俗

清明時節雨紛紛，路上行人欲斷魂。

寒食節

起源

寒食節又稱「冷節」、「禁煙節」。漢代規定清明節前三天為寒食節，唐宋以後改為清明節前一天為寒食節。寒食節為甚麼要禁火呢？傳說是為了紀念春秋時代晉國「士甘焚死不公侯」的介子推。公元前六百五十五年，晉文公重耳為躲避後母驪姬的陷害，由介子推等大臣陪同流亡國外，備嚐艱辛。一天，重耳餓得暈倒在地，介子推為救重耳，割下自己的大腿肉煮給重耳吃。後來，重耳返回晉國，成為著名的「春秋五霸」之一的晉文公，跟隨他的臣子都得到了賞封，唯獨介子推不願爭功，同母親一起隱居到了綿山（在今山西）。晉文公知道後，親自上綿山尋找，但不得見。晉文公知道介子推是個孝子，便下令放火燒山，以為介子推為了母親會出山的，到時再予以加封。誰知連燒三天不見有人出來。火熄後，才發現母子雙雙緊抱一棵大柳樹燒死山中。為追悔和紀念介子推，晉文公下令在綿山上建立祠廟，將綿山改名「介山」，並把這一天定為寒食節，每年的這一天不舉火燒食。

習俗

寒食節主要習俗是吃冷食和掃墓。冷食食品主要有餳大麥粥，又叫「麥糕」，是把大麥磨成麥漿煮熟後，將搗碎的杏仁放入拌勻，冷凝後切成塊狀，食時澆上糖稀即可；棗糕，又叫子推餅，用酵糟發麵，夾棗蒸食；乾粥，又叫「糗」，是炒熟了的穀粉，食用時加水調成糊狀，也可直接取用；饊子，又叫「寒具」、「環餅」，在魏晉時出現，油炸麵食，酥脆精美。唐朝以前掃墓都在寒食節期間。由於寒食節與二十四節氣中清明的時間十分接近，久而久之，二者相混、交融起來，寒食節最終被包容到清明節之內了。寒食與清明的相混，始於唐代。不過，從唐玄宗所下有關掃墓的詔書來看，唐代掃墓仍在寒食節進行。

清明節

掃墓祭祖

掃墓祭祖是清明節最主要的活動。掃墓俗稱「上墳」，是祭祀死者的一種活動。清明掃墓祭祖在秦漢以前就有記載，不過形成固定的風俗，當從漢代開始。據《後漢書》記載：「秦始皇起寢於墓側，漢因而不改，諸陵寢皆以晦、望、二十四氣、三伏、社、臘及四時上飯其親。」這裏說的「二十四氣」當然包括清明在內，就是說漢代繼承了秦時的先例，於每年清明節掃墓祭祖。

上墳掃墓主要有兩項內容，一項是為死者焚香、上供、燒紙。燒紙始於唐代，是特製的、送給鬼神或死人在冥世間使用的錢幣。實際上，最初獻給死者的是生活所需實物，貨幣

清明

流行後才給死者獻錢幣的。另一項墓祭內容是為墳堆培土，或者修墳立碑。

在農村，於清明節前幾天，就有人到祖先墳墓培土、修整。到了清明節，率領子孫在祖墳前設立香案、備酒食、燒紙錢，誠心祭奠。家家戶戶在門前插柳，表示為死者招魂。遠在外地工作的子弟，要趕回家鄉掃墓祭祖。因事不能回家的人，也要捎回來一些紙錢，讓家裏人代為焚燒。出嫁的女兒，也不例外，同樣要送回一些紙錢，表達祭祖之情。

送麻糍

「清明做麻糍，過年做年糕」是浙江新昌民間流傳至今的風俗習慣。這是兩家聯姻後嫁娶前的一種禮儀，這一禮俗很早以前便在全縣各地農村中流行。誰家要娶媳婦了，男家一般都要在清明節前向女家送去清明麻糍，預示在下一個清明節前將要來娶新媳婦過門了。女兒出嫁後，女家父母到了清明節又得向男家回送清明麻糍，據說這是預祝小兩口結成夫妻後日子能過得糯滋滋、甜絲絲。

節俗食品

清明餜是將野薺、青蓬浸泡後擠去其汁，然後切碎和入粉中，揉成麵團而成。清明餜可以做成多種形狀。有畚鬥狀，叫做「畚鬥餜」，意為糧食豐收，有糧可裝；有犁頭形，寓意耕作順利；還有羊、狗形狀的，稱為「清明羊」、「清明狗」。鄉間婦女，多抱嬰兒向鄰里乞討清明餜，俗稱「討清明」。清明諧音「聰明」，謂孩子日後容易撫養，健康成長，且生性聰明。該日祭祖，祭品中必有「清明餜」，寄有孝順意。

另外，還有青團也是清明節的節俗食品。過去人們製造青團，先用麥青搗爛取汁，和以水化石灰攪拌，待沉澱後取用上層清汁，再與糯米粉調拌成粉團。這種製青的方法，多數在手工作坊裏使用。民間，尤其是江浙一帶地區，是既不用石灰的，也不用麥青，而是用一種叫黃花艾的東西，將其置在石臼中搗爛，直接和糯米粉製造青團。因青團蒸熟後色澤呈青碧色，故而得名。時至今日，每至清明，百姓買青團、吃青團已成習俗。

清明節還有吃蛋的習俗。清明節的蛋可分為畫蛋和雕蛋兩種。畫蛋是將雞蛋或鴨蛋煮熟後，用茜草取汁，作為染料，在蛋殼上描繪花卉。初繪無色，過數日顏色漸顯。初為淺藍色，漸變深藍、紫色，最後變成紅色。蛋殼剝去後，蛋白上便顯出玲瓏花紋圖案，顏色為藍色，煞是好看。畫蛋可以吃，而雕蛋則只供觀賞。它是將雞蛋或鴨蛋煮熟後，先用筆在蛋殼上繪上花紋圖案，然後用刀雕刻，將整隻蛋鏤空，蛋白蛋黃依次取出。其雕刻之精細，可謂鬼斧神工。畫蛋、雕蛋的習俗，清末時還有流行，現代逐漸衰微。

踏青

踏青，也稱「春遊」，古時也叫「尋春」、「探春」。清明時逢陽春三月，景色宜人，生機勃勃，正是郊遊的大好時光。唐代的《開元天寶遺事》記載，清明節時，都城長安的婦女便會到郊外春遊。一遇到有好花好草之處就在草地上設下一個個座位，然後把罩在外面的紅裙子一條接一條地掛在樹枝上，做成野餐的帷幔。宋代踏青之風盛行，北宋張擇端的《清明上河圖》就生動地描繪了汴京城外汴河岸邊清明時節，京都人民遊春踏青的情景。

插柳戴柳

清明節插柳戴柳主要是為了祛鬼辟邪。清明節乃鬼節，一方面要祭祀祖先，另一方面要防止百鬼出沒討索。而柳在古人心目中被視為避邪之物，所以插柳戴柳就能防止鬼的侵害。北魏賈思勰《齊民要術》說：「取柳着戶上，百鬼不入家」。也有另一種說法，說是房檐上插柳是住宅的醒目標誌，以便祖先的靈魂歸來。《燕京歲時．清明》中則說：「至清明戴柳青乃唐高宗三月三日祓禊於渭水之隅，賜群臣柳圈各一，謂戴之可免蠆毒」。清代民間還有「清明不插柳，紅顏成皓首」的諺語，說明插柳戴柳已經成為清明時節青年男女的節日必備裝飾了。

乞新火

新火是指清明的火。古時因為寒食節禁火，把冬季保留下來的火種都熄滅了。到了清明，又要重新鑽木取火。故有清明乞新火的習俗。這種風俗大約始於上古時代，一直沿至宋朝，到唐時最盛。唐代皇帝每年都會在這天舉行隆重的清明賜火典禮，把新的火種賜給群臣，以示對臣民的寵愛。據說每年參加鑽火的人很多，誰能先鑽得火來獻給皇帝，誰就可以得到皇帝的重賞。

盪秋千

盪秋千是清明節的遊戲項目。秋千是由春秋時代北方山戎民族創造的，開始時僅是一根繩子，雙手抓繩而盪。後來齊桓公北征山戎族後將其帶入中原。秋千最早被稱為「千秋」，漢武帝時，宮廷為其祈禱千秋之壽，令宮女耍繩戲為樂，為避忌諱，便將「千秋」改稱為「秋千」。此後又逐漸演變成為用兩根繩加踏板遊戲的秋千。唐宋時代，秋千盛行。

盪秋千的方法在民間也各具特色：一曰「單打」，即一人操持，自行掌握。那些體力健壯，技術嫻熟的高手，只要躍上秋板，送出秋門，眼看上若箭離弓弦，下如春燕銜泥，一時三刻，盪得與橫樑持平，使觀者驚心動魄；二曰「對打」，或男或女，雙雙對站，彼此配合，你拉我推。只要動作節奏和諧，肢體屈伸得宜，就可以在飄遊中盪得愈來愈高；三曰「帶秋」，即由一個站上能盪的熟手，帶一個坐於其上的生手或小孩。目的在於熟悉「秋性」和鍛煉膽量；四曰「賽秋」，賽法也有多種，各地不盡相同。有把秋千前高處的樹葉或花朵作目標，以腳觸之算得勝；有在踏板下栓根「尺繩」，量出秋千騰飛的高度；有的把兩杆子豎立於秋千架前方，橫拉一線並繫鈴鐺於其上，以碰鈴次數多少來決定勝負。

拔河

清明節有舉行拔河比賽的習俗。拔河是中國一項古老的體育運動，興起於春秋戰國時代。傳說戰國時楚國和吳國在水上作戰，連連失利。後來有個人創造了一種叫「牽鈎」的武器。每遇吳國的戰船時，楚軍便用繫繩的「鈎強」把船「退則鈎之，進則強之」，予以夾擊。吳軍往往處於支援不得進身，退卻難以脫離的狀態，最後被打得大敗。後來這種被稱為「牽鈎」的武器逐漸演變成了一種體育活動，即「拔河」。

《隋書．地理志》中說：「俗以此慶豐收，用致豐穰，其事亦傳至它郡」。因為清明以後不久便是「鄉村四月閒人少，才了蠶桑又插田」的繁忙季節。拔河又有祈禱豐收之意，所以帝上倡導，下民仿效，遂成風俗。

古時拔河人數多、場面大、非常熱鬧。唐代拔河尤盛。唐景龍四年（公元七一零年）清明節，宮中舉行過一次拔河大賽，宰相、駙馬、將軍齊上陣，互不相讓，成為體育史上一次盛況空前的拔河。清明節拔河的習俗至今在許多地方都還很盛行。

放風箏

清明佳節，雲淡風輕，是放風箏的極好時光。風箏，北方稱「紙鳶」，南方稱「紙鷂」。它在中國已經有兩千多年的歷史。早在春秋時代，著名匠師魯班就曾製作木鳶，放上高空，三日不下。墨子也曾砍木製鳶。唐代以後，木鳶逐漸改為紙鳶。五代時，李鄴在紙鳶頭上裝置竹笛、絲鞭，風吹竹笛發出的音響極像樂器「箏」的聲音，於是得名「風箏」。

風箏起初的作用是在軍事上傳遞消息，後來逐漸演變為一種娛樂玩具。風箏最初僅為王宮貴族玩賞，宋代以後漸入民間。放風箏在清代尤為盛行，特別是在北京更加熱鬧，從兒童到老翁，同在一起以競放風箏為樂。有的人把風箏放上藍天後，便剪斷牽線，任憑清風把它們送往天涯海角，據說這樣能除病消災，給自己帶來好運。風箏是一種有益身心健康的娛樂玩具，清明節放風箏的習俗至今不衰。

鬥雞

鬥雞也是清明應節的遊戲。鬥雞一般分為三個回合，前兩回合雞鬥敗由主人抱回去，要喂水養氣，後一回合往往會鬥到生死才能決定勝負。鬥雞一般備有賭物，形式多樣。中國最早的鬥雞記錄，見於《左傳》。到了唐代，清明鬥雞成風。不僅民間設鬥雞場，捧雞而鬥，就連皇帝也參加鬥雞。唐玄宗尤喜鬥雞，他在位時，在宮廷內築起雞坊，索求天下好鬥雄雞。所養的幾千隻雞都是金羽鐵爪、高冠昂尾的良種，並命號稱「神雞童」的賈昌等五百名小兒馴養。賈昌也因此富貴無比。明代還出現了鬥雞社，專門研究鬥雞活動。

植樹節

現在每年的三月十二日為植樹節。但自古以來，中國卻有清明植樹的習俗。這是因為清明前後，春陽照臨，春雨飛灑，種植樹苗成活率高。有人還把清明節叫做「植樹節」。

清明刮墳土，莊稼漢真受苦。

清明時節，若遭風沙，農作物要受害，農民要受苦。風沙對農業危害很大，沙塵覆蓋在植株的花葉上，使農作物呼吸受阻，不能正常授粉、進行光合作用。嚴重時將導致農作物減產。如果農作物、果樹上落了沙塵，有條件的可以噴水沖沙，千萬不能掃沙或拉沙，否則，將損傷植株，得不償失。此外，風沙天氣還會嚴重影響空氣質量，破壞環境，引起人們的呼吸系統疾病。

民間宜忌

清明刮墳土，莊稼漢真受苦。

忌颳風

清明忌颳風，民間認為清明有風，主旱。

忌不戴柳

漢族民間清明有戴柳、插柳的習俗，清明不戴柳已成為禁忌。所以民間有「清明不戴柳，死後變黃狗」的諺語。

忌殺生

清明節忌殺生，包括雞、鴨、魚、馬、牛、羊、豬等，特別是在祭祀前手不能沾血腥。

忌洗衣

還有些地方在清明節前後三四天忌洗衣服，俗信這樣是為了不和地底的人搶水，讓他們好好清潔。

穀雨

陽曆四月二十日前後

萍始生、鳴鳩拂其羽、戴勝降於桑

農事氣象

穀雨不種花，心頭像蟹爬。

穀雨三候

太陽到達黃經三十度，為穀雨。穀雨，雨生百穀的意思。雨水逐漸增多，適時的降雨對穀物生長極為有利。有諺云：穀雨前後，種瓜種豆。

初候「萍始生」，是說氣溫升高，水面上升，浮萍開始生長；二候「鳴鳩拂其羽」，春天萬物甦醒，經常能在田間地頭上看到鳴叫的斑鳩，它們不時地用嘴角梳理自己的羽毛；三候「戴勝降於桑」，此時正是桑樹生長的好時機，時常可以看到戴勝鳥在桑林間飛來飛去。由此可以看出，穀雨時節的空氣濕潤，雨量充沛，特別適宜農作物的播種與生長。

氣候變化

隨着東亞高空西風急流的北移，華南暖濕氣團開始活躍起來，中國大部分地區的平均氣溫漸漸回升，高達攝氏十二度以上，空氣濕度也隨之升高。西風帶的活動頻繁，導致低氣壓和江淮氣旋逐漸增多。受其影響，南方的氣溫上升到攝氏三十度以上，而且大部分地區的雨量開始增多。將會迎來每年的第一場大雨，降雨量能達到約三十至五十毫米，這對水稻的栽插十分有利。有些地區降雨量大多不到三十毫米，需要採取灌溉措施，減輕乾旱影響。北方地區的氣溫雖然轉暖，但是早晚還比較涼。西北高原山地仍處於旱季，降水量一般僅五至二十毫米。此時正是桃花、杏花盛開和柳樹吐絮的好時節，呈現出一片花香四溢，柳飛燕舞的美好景象。

農務忙

穀雨時節，北方地區的小麥正處在生長期，要注意防旱防濕，預防鏽病、白粉病、麥蚜蟲等病蟲害，要拔除黑穗病株，同時要做好預防「倒春寒」和冰雹的工作。種植玉米的農家也開始耕地、施肥、播種、防止土蠶的侵害。有些地方開始種植棉花，甚至有「穀雨不種花，心頭像蟹爬」的說法。有些地方開始種黃豆、雜豆、土豆、花生、地瓜、茄子等。經濟作物烤煙長出了早苗，農民也開始抓緊時間做移植的工作。在管理田地的同時，農民也在加強馬、牛、豬、羊的飼養，希望六畜興旺。

長江以南的地區，人們都在忙着耕田、施肥、插秧育苗、準備種水稻。茶農亦忙着採春茶、製茶，可謂是萬里碧綠，千里飄香；養蠶人家開始加強春蠶的飼養管理；以捕魚為生的漁家也在早出晚歸，忙着撒網打魚。

節日風俗

神祠別館聚遊人，穀雨看花局一新。

上巳節

情人節在歐美國家都很盛行，中國雖沒有「情人節」這一名稱，但卻有與此類似的節日，這就是「三月三」。中國的許多民族都喜歡過這個節日，在這一天都要舉行豐富多彩的慶祝

品茗解煩愁

穀雨時節正是春耕春種的好季節。此時有春雨滋潤，萬物新生，正是種瓜得瓜，種豆得豆的好時候。故曰：「穀雨前和後，安瓜又點豆」；這時又是民間採茶、製茶的農忙時節。小茶葉生長成鮮葉，味美形佳，香氣怡人，為茶種上品。喝一口剛剛上市的新茶，能解農家的煩惱和憂愁，可謂人間美事啊！

活動。漢族古代則稱三月三為「上巳節」。周朝時，上巳節是一種巫教活動，通過水濱祭祀、沐浴活動驅邪、祈求生育。到了漢代，上巳節增添了貴族炫耀財富和遊春娛樂的內容。魏代以後，有人說三月三的節號為「上巳」，而古代用干支記日，上巳就是三月的第一個巳日的意思，所以三月三就稱為「上巳節」。每年這一天，人們都要成群結隊來到水邊，洗澡洗衣，驅除身上的邪氣，希望以後的日子能平安、健康。年輕小夥子和小姑娘則在花前月下談情說愛。直到唐宋這種遊戲依舊很流行，而且還增加了很多新項目。人們將彩蛋、棗子之類的東西投進水中，東西漂到誰那裏，誰就取食，這叫做「曲水浮素卵」或「曲水浮絳棗」。

蛋是生殖的象徵，棗子的諧音為「早子」，所以這個遊戲與生殖有關，證明「三月三」是古代的婚配節日。生殖繁衍是人類進步的基礎，所以「上巳節」是一個很有意義的節日。

另外，上巳節還有一項活動——曲水流觴。人們會選擇一段彎曲的小溪，將盛酒的杯子浮在水面，讓它隨波逐流。人們各自守在一處，酒杯漂到誰面前，誰就取飲，趣味盎然。

仙歌節

每年農曆三月三日，貴州安龍布依族都要進行「掃寨」和「祭山神」活動。傳說這天是山王神的生日，山王神要放出各種蝗蟲和螞蚱來危害莊稼。為了歲有所獲，能夠吃飽穿暖，避免災禍的降臨，家家戶戶都要掃寨、祭神，祈求山神開恩，保佑地裏的莊家茁壯成長，全家人平安無事。這一天，貴陽地區的青年男女還要上山對歌。誰唱的歌最動聽，打動了天上的歌仙，她就會贈給誰一副金嗓子。要是害蟲聽到了金嗓子唱歌，就不敢來危害莊稼。因此，當地人便把「三月三」稱為「仙歌節」，人們希望通過歌聲能給自己帶來好運。此節日也是為紀念歌仙劉三姐而設。

壯行節

穀雨祭海是漁家的風俗。此時氣溫回暖，海裏的魚蝦也在沉睡了一個冬天後，開始活躍起來。這正是下海捕魚的好日子。俗話說「騎着穀雨上網場」。為了能夠出海平安、滿載而歸，漁民要在出行前舉行海祭，祈禱海神保佑。因此，穀雨節也叫「壯行節」。

這一習俗在沿海地帶非常流行。以膠東榮成一帶為例：過去，漁家由漁行統一管理，海祭活動自然由漁行一手操辦。祭品多為去毛烙皮的一頭肥豬，用腔血抹紅，再加上十個白麵大餑餑。另外，還準備鞭炮、香紙等。要是漁民自己組織的海祭，則用豬頭或蒸製的豬形餑代替。舊時村村都有海神廟或娘娘廟，祭祀時刻一到，漁民便抬着供品來到海神廟或娘娘廟前擺供祭祀，有的地方則將供品抬至海邊，敲鑼打鼓，燃放鞭炮，面海祭祀，場面十分隆重。直到現在許多地方，還保留着這種美好的傳統。

花炮節

侗族的「三月三」又稱為「花炮節」。每年的三月三，各村各寨都要組織搶花炮。搶花炮僅限於男子，常以一家、一族、一村組隊，也可跨村寨自由組隊。花炮是用紅布（或紅綢）纏繞的小鐵環，人們將它放在鐵炮頂端，然後點燃放炮。小鐵環衝入空中，等到「花炮」落地，參加的人奮力爭搶，奪到花炮並能送到指定地點的人為優勝者。搶到花炮則意味着吉利幸福，可獲得豬、羊、紅蛋、酒和鏡屏等獎勵。花炮分為頭炮、二炮、三炮，有的地方還有四、五炮。每一炮都有特殊的意義。搶花炮原來是還願求嗣的民間宗教儀俗，現在已經發展成為群眾性的文體活動。另外，此日侗族人還舉行鬥牛、鬥雞、對歌、踩堂等活動。

戴薺菜花

三月三，雨水足，萬物復甦，正是薺菜花盛開的好時節。薺菜花又稱「野菜花」，長開白色的小花，耐寒力強。在浙江、江蘇、安徽、四川等地有戴薺菜花的習俗。戴薺菜花又稱「戴地薺花」或「戴喜喜菜」。民間將三月三定為薺菜花的生日。每到這天，人們來到薺菜花地裏，競相採花，男子佩於胸前，婦女戴在頭髮上。薺菜花有明目驅睡的功能，又稱「眼亮花」。江蘇一帶，三月三這天，婦女戴上薺菜花，曰「驅睡」。

單子會

三月三是萬物甦醒、生長發育的好時節，人類也不例外。古時候，陝西臨潼縣一帶建造了大量的娘娘廟，每年的這個時候，人們都要舉行單子會。這一天，不孕不育的婦女都精心打扮，身上揣着布娃娃去赴會，在野外和別的男人幽會，留宿一夜。有的媳婦羞於赴會，公婆還主動催她們到外面「風流」一天，希望能懷孕，生出一男半女來，好為家裏傳宗接代。

禁殺五毒

昔日，山東、山西、陝西一帶有禁殺五毒的習俗。穀雨以後氣溫升高，蟲害進入高發期，為了減輕蟲害對農作物及人的傷害，人們一邊進田滅蟲，一邊張貼穀雨帖，進行驅凶納吉的祈禱。穀雨帖屬於年畫的一種，上面刻繪神雞捉蠍、天師除五毒形象或道教神符，有的還附上「太上老君如律令，穀雨三月中，蛇蠍永不生」、「穀雨三月中，老君下天空，手持七

戴薺菜花的傳說

相傳唐代薛仁貴投軍，王寶釵（釧）獨守寒窯十年之久。夫妻重逢那天正是三月初三，王寶釵正在地裏挖薺菜，頭上插着薺菜花，美麗動人，薛仁貴看到後讚不絕口。至此，三月三戴薺菜花成為習俗。所以才有了「三月戴薺花，桃李羞繁華」的說法。

星劍，單斬蠍子精」等字樣。

山西臨汾一帶會在門上畫張天師符帖，稱為「禁蠍」。山東的穀雨帖一般用黃表紙製成，用朱砂畫出禁蠍符，貼在牆壁或蠍穴處，寄託人們驅除害蟲、盼望豐收安寧的心情。陝西地區的禁蠍咒符都是用木刻印製而成。每年穀雨，人們會在家中牆壁上貼厭蠍符，符上寫着：「穀雨日，穀雨晨，奏請穀雨大將軍。茶三盞，酒三巡，逆蠍千里化為塵」，希望能讓全家人平安。

鬧窯神

中國製陶業有着相當長的歷史，早在新石器時代，大量陶製品已開始出現，領先於世界各國。最初製陶都是在露天環境中進行，隨着生產設備的發展，專門成立了燒製陶器的陶窯，後來發展到燒製磚瓦、瓷器等，並最終成為一種專門的行業，於是就產生了供奉窯神的習俗。每年的農曆二月十五和三月初三，窯工都要祭拜窯神，以此來答謝窯神的佑護，稱之為「鬧窯神」。每次都要鬧三天三夜，大設宴席，載歌載舞，熱鬧非凡。

有些窯業發達的地方還專門建造了窯神廟，廟裏供奉着三位主神，廟側是四神祠，供奉着四位輔神，窯神廟的對面還建有歌舞樓。據記載，這三位主神分別是雷公、舜和老子。雷公主要掌管雷電風雨，而古時候燒窯對天氣變化十分敏感，雷電對燃料和器具有相當大的影響，所以人們希望雷公能多賜予他們一些晴朗的天氣，好讓燒窯順利進行。舜是傳說中的五帝之一，據說他曾經製過陶，是窯工的祖師爺。老子是道教的創始人，號「太上老君」，他用八卦爐煉丹，自然熟悉火情，而窯與火有着密切的聯繫，所以窯工希望老子能賜予燒窯的技巧與靈感。另外，燒窯需要大量動土，俗話說「太歲頭上難動土」，而老子是「太上老君」，

雄雞治蠍

《西遊記》第五十五回中，孫悟空和豬八戒都敵不過蠍子精，觀音也自知近他不得，只好讓孫悟空去請昴日星官，結果馬到功成。昴日星官本是一隻雙冠子大公雞，只見他對着蠍子精尖叫一聲，蠍子精即刻便現了原形。大公雞再叫一聲，蠍子精渾身酥軟，死在山坡。

是太歲神的上級。祭拜老子，就能放心大膽地取土燒窯了。另外，廟側供奉的四位輔神是山神、土地神和牛、馬二王。山神和土地神掌管着燒窯所需的原料，而牛、馬是運輸的主要畜力，被奉為神，所以，窯工才祭拜他們，希望能在來年燒出更多更好的窯製品。

蟠桃會

古時候，每到農曆三月初三，民間就要舉辦蟠桃會來慶祝王母娘娘的壽誕，希望能得到她的恩澤，從而益壽延年。蟠桃會的主角有兩個——王母娘娘和蟠桃。先說王母娘娘，她是玉皇大帝的妻子，又是一個長生不死的老壽星。在神話傳說中，王母娘娘的壽誕是農曆三月初三。最初的王母娘娘是半人半獸的形象；到先秦時，她就變成了美麗動人、才藝出眾的女王，身上的獸氣已絲毫不存在；到了漢代，她渾身充滿仙氣，擁有天下獨一無二的長生不老藥與天地同壽的蟠桃，於是被奉為長壽神。再說蟠桃。桃樹在傳說中就被認為是有神性的樹，而且桃木、桃枝、桃符能驅鬼辟邪。王母娘娘的仙桃更加傳神，幾千年才熟一次，人吃了以後便會成仙得道，體健身輕，長生不老，與天地齊壽。古人的壽命比較短，有「人生七十古來稀」的說法，所以才借蟠桃會來寄託自己健康長壽的美好願望。

嚐新茶

江南地區有穀雨嚐新茶的習慣，所以有「穀雨穀雨，採茶對雨」的說法。穀雨茶又叫「雨前茶」或「二春茶」，此時天氣變暖，雨量充沛，所採的茶葉必然是葉質柔軟、細嫩清香、色澤碧綠、滋味鮮活、香氣怡人，裏面所富含的多種維生素和氨基酸比其他任何季節採摘的茶葉都要高。喝起來不僅口感醇香綿和，還能清火、辟邪、明目。所以，愛茶懂茶之人常把穀雨前採摘的茶珍藏起來。

這天，除了在家飲雨前茶，還有結伴外出飲新茶的習俗，民間有「三月茶社最清出」的說法。茶館都要重新裝飾一番，迎接茶客。文人雅士還要相聚品茶，附庸風雅。另外還可以品嚐茶點小吃，如江南的眉餅、亮眼糕等。

牡丹花會

穀雨前後是牡丹花開的重要時段，因此，牡丹花也被稱為「穀雨花」，有「穀雨三朝看牡丹」的說法。賞牡丹已經成為人們閒暇娛樂的重要活動。每到穀雨，山東菏澤、河南洛陽、四川彭州等地便人山人海，觀賞滿山遍野的牡丹。等到夜間，人們便懸燈宴飲，到處是花團錦簇，五彩繽紛，可謂人間仙境。這就是「牡丹花會」。

祭倉頡

陝西白水縣有穀雨祭祀文祖倉頡的習俗。相傳大約在四千年前，倉頡被軒轅黃帝封為左史官。倉頡做了史官以後，發明了結繩記事，還用樹枝畫圖、造字，大大推進了社會的發展，為人類進步帶來了光明。這些事情感動了玉皇大帝。有一年遇上旱災，地裏的莊稼顆粒無收，好多老百姓都被活活餓死。玉皇大帝念倉頡造字有功，便命天兵天將打開天宮糧倉下放人間，一場穀子雨過後，人們總算得救了。倉頡死後，人們把他安葬在白水縣史官鎮北，與橋山黃帝陵遙遙相對，並把祭祀倉頡的日子定在下穀雨的那天，也就是現在的穀雨節。

自此之後，每年的穀雨節，倉頡廟都要舉行廟會，會期長達十多天，人們從四面八方趕來祭祀，表達對倉頡的崇敬和懷念之情。這一天會舉行各種各樣的活動，比如扭秧歌、跑竹馬、耍社火、武術表演，一些戲班子、商號也來赴會湊興，人們載歌載舞，熱鬧非凡。倉頡廟會在當地很富有影響力，甚至當地人入學拜師、敬惜字、愛喝紅豆粥、喜住窯洞、祈雨求子、祈福禳災等習俗都與倉頡有關。

民間宜忌

春困易生，宜早睡早起。

起居

穀雨時節宜早睡早起，順應自然規律，保持身體的內外環境平衡協調。此時節，人們很容易產生「春困」。天氣變暖會讓人的皮膚愈來愈鬆弛，毛孔放大，皮膚末梢血管的供血量增加，從而導致中樞神經系統發生鎮靜、催眠作用，使身體困乏。所以我們要生活有規律，早睡早起，保證充足的睡眠，以適應氣候的變化。睡前要做到「先睡心，後睡眼」。要洗面、洗腳，按摩面部和搓腳心。人體所有重要的穴位都集中在足部，所以我們要經常用熱水泡腳，這樣可以推動血氣運行，溫補臟腑，安神寧心，消除一天的疲勞，從而讓全身心放鬆下來，達到休息的最高境界。早晨起來，要多做早操，堅持晨跑，伸展四肢，舒展陽氣。從而達到強身健體的效果，減少疾病發生。

忌野外放火

在壯族地區，穀雨有忌野外放火的習俗。老人認為，穀雨正是下雨的好時節，如果這天在野外生火，會激怒雷公電母，他們會報復人間，不給下雨，這一年就會連續乾旱，影響人們的農業生產。所以，即使這天要去掃墓拜山，也沒人在外邊放鞭炮，上香，燒紙錢。

忌陰雨高溫

穀雨時節，氣溫會逐漸回暖，空氣中的濕度增加，雨水也會隨之增加。俗話說「雨生百穀」，雨水確實能滋潤莊稼的生長發育。但是過高的氣溫和過多的雨水也會引起三麥病蟲害，嚴重影響到農作物的正常生長，如果不及時做好防治工作，會造成糧食減產。所以，穀雨時節忌氣溫偏高，陰雨連綿。

立夏

陽曆五月五日前後

螻蟈鳴、蚯蚓出、王瓜生

農事氣象

立夏無雷聲，糧食少幾升。

立夏三候

太陽到達黃經四十五度，為立夏。夏天的開始，氣溫顯著升高，萬物將借溫暖的氣候漸漸生長。「夏」是「大」的意思，每年到了此時，春天播種的植物都已經長大，所以叫「立夏」。這個節氣，在戰國末年就已經確立了。它預示着季節的轉換，為古時按農曆劃分四季之夏季開始的日子。

勞動人民在長期的勞動實踐中，將立夏很鮮明地分為三候：初候，「螻蟈鳴」，即初夏時節，蛤蟆等蛙類動物開始在田間、塘畔鳴叫覓食；二候，「蚯蚓出」，由於此時地底溫度持續升高，蚯蚓爬到地面呼吸新鮮空氣；三候，「王瓜生」，就是說王瓜（也叫土瓜）這時已開始長大成熟了，人們可採摘，並相互饋贈。從立夏的三個物候現象可以看出，入夏後，氣溫大幅度升高，大自然的動植物都進入旺盛的生長期，如果說春是生的季節，那麼夏就是長的季節。

農作物生長

立夏後，氣溫顯著升高，炎暑將臨，對於農耕來講，它是一個農作物旺盛生長的重要節氣。一般夏熟作物進入灌漿、結莢的關鍵時期，春播作物生長日漸旺盛，田間管理進入緊張繁忙階段。此時也正是大江南北早稻進行大面積栽插的關鍵時期，日後的收成和這一時期的降雨遲早以及雨量多少關係密切。農諺「立夏不下，犁耙高掛。立夏無雨，碓頭無米」，說的就是這個情況。

麥秀寒

「麥秀寒」是民間所說的初夏時節稻麥抽穗時（即麥秀時）的短暫陰寒天氣，一般見於江南水鄉。清人顧祿的《清嘉錄》中有這樣的記載：「夏初天氣清和，人衣單袷，忽陰雨經旬，重禦棉衣。人以其時之寒在麥秀之際，謂之『麥秀寒』。」

節日風俗

立夏日，家設櫻桃、青梅、麥，供神享先，名曰立夏見三新。

迎夏

立夏對今人來說，不過是一個節氣，表明春天結束，夏日由此開始而已。可是，古人卻把立夏當做一個重要的節日來對待，即立夏節。據史書記載，在立夏那天，天子要親率三公、九卿大夫到南郊舉行迎接夏天的儀式。回來後要賞賜諸侯百官，令樂師教授聯合禮樂，令太尉引薦勇武、推薦賢良，並令主管田野山林的官吏巡行天地平原，代表天子慰勞勉勵農人抓緊耕作。天子還要在農官獻上新麥時，獻豬到宗廟，舉行嚐新麥的禮儀。這種迎夏儀式，表達了古人渴求五穀豐登的美好願望。但後來，隨着歲時的演進，天子在立夏這一天迎夏的習俗並沒有流傳下來。

嚐三新

「嚐三新」是漢族立夏日的飲食風俗，即立夏日嚐三樣時鮮菜蔬。所謂「三新」，因出產地各異、喜好不同而有異。有的地方以櫻桃、青梅、新麥為三新；有的地方以酒釀、白筍、蠶豆為三新；還有的地方將海螺螄、芥菜、萵苣、鹹蛋等物列入三新。是日人們先以「三新」敬神祭祖，然後自己嚐食。清人顧祿的《清嘉錄》中曾有這樣的記載：「立夏日，家設櫻桃、青梅、麥，供神享先，名曰立夏見三新」。此處的「神」即指民間信仰中的神靈，「先」即是祖先。表示有了新的收穫，首先想到的是獻給神靈與祖先享用，且有告訴神靈與祖先，這些蔬菜、糧食已經收穫之意。

燒夏夏飯

燒夏夏飯是漢族立夏日燒的飯，有的地方也稱其為「立夏飯」。每逢立夏前一天，孩子向鄰家每戶討米一碗，稱「兜夏夏米」。立夏日將兜得的米在露天煮飯，飯上放青梅、櫻桃等，飯煮好後分送給先前討米的人家，每家一小碗。民間認為兒童吃過此飯後，可防中暑。也有些地方在立夏日時挖筍，從地裏摘蠶豆再放點蒜苗，然後與兜得的米在露天煮飯，再與鄰人分食。還有些地方，在立夏日以白米加赤豆、黃豆、黑豆、青豆、綠豆做成五色飯，與鄰人分食。

立夏吃蛋

吃立夏蛋是指每逢立夏之日，無論男女老少，都要吃煮雞鴨鵝蛋或鹹蛋。俗話說「立夏吃了蛋，熱天不疰夏（中醫指發於夏令的季節性疾病，症狀是微熱食少，身倦肢軟，漸見消瘦）」。民間認為蛋形如心，立夏吃蛋能使心氣精神不受虧損，且能強身健骨，行動有勁。立夏日除了吃蛋外，人們還用絲線編成蛋套，裝入煮熟的雞蛋、鴨蛋，掛在小孩子脖子上。有的還在蛋上繪畫圖案，小孩子相互比試，稱為「鬥蛋」。兒童胸前的彩袋表達了古人戰勝炎夏的信念。關於這一習俗的由來還有一個有趣的傳說。

很早以前，女媧娘娘為了使下界小孩不得疰夏之疫，鬥法勝了病疫瘟神，瘟神保證凡是女媧娘娘的子孫不受病害，並讓孩童以胸前掛蛋為標誌，立夏之日只要孩童胸前掛蛋者一律不加傷害。女媧聞之，與瘟神辯理。於是女媧娘娘給民間百姓傳話：立夏之日，無論男女老少，都要吃煮雞蛋或鹹蛋；小孩胸前掛上煮熟的雞蛋或鴨蛋，可避疰夏之疫。

三燒五臘九時新

三燒五臘九時新是漢族民間立夏時新節物的總稱。立夏時節，天氣轉熱，時鮮果蔬、魚蝦，紛紛應市，故有此俗。「三燒」，即燒餅、燒鵝、燒酒。燒餅即夏餅，燒酒即甜酒釀。「五臘」，即黃魚、臘肉、鹹蛋、海螄、清明狗。「九時新」，即櫻桃、梅子、鰣魚、蠶豆、莧菜、黃豆筍、玫瑰花、烏飯糕、萵苣筍。

烏米飯

立夏過後，便是炎熱的夏天，人們會在立夏日吃一些食物，以寄託祈福保平安的願望。在浙江、江蘇、湖北、湖南、江西、安徽等地，人們仍然保留着立夏吃烏米飯的古老習俗。烏米飯是一種紫黑色的糯米飯，是採集野生烏樹的葉子煮湯，用此湯將糯米浸泡半天，然後撈出放入木甑裏蒸熟。關於此種節令食物的由來，歷來眾說紛紜，普遍流行的傳說有兩種。

一說是此俗與釋迦牟尼的弟子目連有關。相傳目連的母親死後墜入地獄，因餓鬼常與其爭食而捱餓。目連為了讓母親吃飽飯，便想辦法用烏樹葉搗汁染米，煮成烏飯送去，餓鬼不敢吃那烏飯，其母親才終於得以飽腹。於是後人年年吃烏飯，以紀念目連這位孝子。

另一說是此俗與戰國時期著名軍事家孫臏有關。據說，龐涓和孫臏一同進山向鬼谷子學習兵法。龐涓急於求成，學了些皮毛之術就下山去了。孫臏勤奮好學，鬼谷子將兵法精華全部傳於孫臏。龐涓嫉恨交加，設計陷害孫臏，將其挖去膝蓋骨拋進監獄，還用花言巧語騙孫臏寫兵書。孫臏為了保全自己，故意裝瘋賣傻，龐涓懷疑孫臏裝瘋，就把他關進豬圈。看守孫臏的老獄卒心眼很好，他與老伴商議後，把糯米用烏樹葉浸泡後煮熟捏成小團子給孫臏。這種小團子跟豬糞的顏色、形狀差不多。一天（這天正好是立夏），龐涓來看孫臏，以為孫臏在吃豬糞，就放鬆了對他的看管。齊國早就聽說孫臏的才名，田忌就派人同老獄卒一起設計救出了孫臏。孫臏來到齊國，被拜為軍師，坐在輪椅上指揮打仗。後來，齊國和魏國交兵，在馬陵道這個地方，孫臏打敗魏軍，射殺了龐涓，終於報仇雪恨。

秤體重

立夏日民間有秤體重的習俗，人們在一個公開的地方掛起一杆大木秤，秤鈎上懸一個凳子，大家輪流坐到凳子上面秤體重。據說，這一天秤了體重之後，就不怕夏季炎熱，不會消瘦，否則會有病災纏身。關於這一風俗的由來，民間相傳與孟獲和劉阿斗的故事有關。據說，孟獲被諸葛亮收服，歸順蜀國之後，對諸葛亮言聽計從。諸葛亮臨終囑託孟獲每年要來看望蜀主一次，諸葛亮囑託之日，正好是這年立夏，孟獲當即去拜阿斗。從此以後，每年立夏之日，孟獲必來蜀拜望阿斗。數年之後，晉武帝滅掉蜀國，擄走阿斗。但孟獲不忘丞相之託，每年立夏日仍帶兵去洛陽看望阿斗，每次去時都要秤阿斗的重量，以驗證阿斗是否被晉武帝虧待。孟獲揚言如果他們虧待阿斗，就要起兵反晉。晉武帝為了遷就孟獲，就在每年立夏這天，用糯米加豌豆煮成飯給阿斗吃。阿斗見豌豆糯米飯又糯又香，就加倍吃下。孟獲進城秤人，每次都比上年重幾斤。阿斗雖然沒有甚麼本領，但有孟獲立夏為其秤體重，晉武帝也不敢欺侮他，日子過得清靜安樂，福壽雙全。因為立夏秤體重為阿斗帶來福氣，人們也祈求上蒼給他們帶來這樣的好運，民間就有了立夏秤體重的習俗。

李會

李會是漢族婦女立夏日所過的節日，此俗主要流行於浙江台州地區。每年立夏，婦女聚在一起做李會，一起吃李子慶祝節日，民間認為此日吃李能使人豔如桃李。也有些地方的婦女在這天會把李子榨成汁，混入酒中喝下，俗稱「駐色酒」，認為這樣可青春永駐。

浴佛節

浴佛節，又稱「浴佛會」、「龍華會」，是佛教的傳統節日，一般在立夏後的四月初八舉行。傳說這一天是佛教創始人釋迦牟尼誕生的日子，因此各地寺院的僧侶，要用甘草、茶煮成五色香湯，淋於釋迦牟尼的塑像上，以紀念佛祖。

相傳二千六百多年前，在恆河的支流上有一個叫迦毗羅的小王國。國王仁慈英明、愛護百姓、智勇兼備，皇后溫柔賢淑、容貌美麗。但因為皇后一直沒有生育，二人為子嗣問題常常悶悶不樂。一年春末，皇后獨自坐在後花園曬太陽。突然，晴朗的天空中出現了一隻長着六根長牙的白象，四周有五彩祥雲圍繞，徐徐降下，轉瞬間從皇后的右肋鑽了進去。此後不久，皇后便懷孕了。經過十個月的孕育，分娩的日子漸漸來臨，皇后由宮娥陪伴準備回到父母家中生產。一路上百花競放，百鳥爭鳴，天籟悅耳，當她路過「藍毗尼園」的時候，忽然腹中一陣疼痛，宮娥急忙在一棵無憂果樹下架起床來，讓皇后躺下。這時天氣異常晴朗，豔陽高照。忽然，從她右肋生下一個臉龐飽滿的嬰孩。嬰兒出生後，便在四面八方各走七步，步生蓮花。同時，右手指着天，左手指着地，說道：「天上地下，唯我獨尊。」此時，上空天女散花，天使奏樂，且有九龍噴水，為其「沐浴」。這個嬰兒就是後來成為佛祖的釋迦牟尼。後人就根據這個故事衍生出浴佛節。

嫁毛蟲

四川民間在四月初八有嫁毛蟲（又稱「敬婆婆節」）的習俗。是日人們剪紙作「毛蟲夾」，並用紅紙兩條架成十字，稱為「毛蟲架」，將其倒貼於樓板或橫樑上，或斜貼於牆壁上。「毛蟲架」上的咒語是「佛生四月八，毛蟲今日嫁，嫁到深山去，永世不歸家。」或者是「佛祖生辰，毛蟲遠行」。川北有的地方用的咒語是「毛蟲毛蟲，黑聳黑聳，嫁到青山，絕種絕種。」

姑娘節

每年農曆四月初八日是侗族的姑娘節。此俗流行於湖南、貴州、廣西毗連等地。這個節日的由來與侗族一位女英雄楊八美有關。相傳，楊八美的哥哥因領導農民起義反抗朝廷壓迫失敗而被關在柳州城內的大牢裏。楊八美在四月初八那天煮了三斗六升米的烏飯，並用計謀為哥哥送去。她哥哥吃了烏飯後，頓時力氣倍增，掙斷鐐銬，殺出牢房。楊八美在外巧妙配合，一舉攻破柳州城。後人為紀念這位女英雄，便把每年四月初八定為「姑娘節」。是日楊姓出嫁的姑娘都一定回到娘家，並做烏米飯糍粑帶回婆家，分贈外姓親友。長此以往，許多不是楊姓的人家也開始回娘家，與自家的姊妹和姑嫂歡度佳節。她們歡歌笑語，一起製造節日食品烏飯糍粑，以顯示她們出色的手藝。

民間宜忌

立夏日無雨，天將大旱。

禁忌

立夏當天民間有許多禁忌。如忌坐石階，如坐了則要坐滿七根，方可百病消散。忌坐門檻，說這天坐門檻將招來夏天腳骨酸痛，如坐了一條也須再坐上六條合成七數，方可解魘。還有，這天白天不能上床去躺着，否則也會疰夏。另外，河南、貴州、雲南等地立夏日忌無雨，當地民間認為立夏日無雨，天將大旱。浙江杭州，養蠶戶這天不能開門，親戚鄰居不能隨意登門拜訪，也不能高聲說話。

宜鍛煉

科學研究發現，立夏時節適宜進行耐熱鍛煉。其方法是每天抽出一小時左右進行室外活動，如散步、跑步、體操、打太極等項目，每次鍛煉都要達到發汗的目的，以提高機體的散熱功能。經過初夏一段時間的耐熱鍛煉，盛夏來臨時，再高的氣溫，人體也比較容易耐受，同時鍛煉也可以提高機體的免疫功能，對預防夏季的各種傳染病也很幫助。

小滿

陽曆五月二十一日前後

苦菜秀、靡草死、麥秋至

農事氣象

麥穗初齊稚子嬌，桑葉正肥蠶食飽。

小滿三候

太陽到達黃經六十度，為小滿。滿指籽粒飽滿，麥類等夏熟作物籽粒逐漸飽滿，開始結實成熟。據曆書記載：「斗指甲為小滿，萬物長於此少得盈滿，麥至此方小滿而未全熟，故名也」。意思是說，從小滿開始，麥類等夏熟作物已經結果且籽粒逐漸飽滿，但還不成熟，所以叫做「小滿」。這是一個反映生物受氣候變化的影響而出現生長發育現象的節氣。此節氣雨水增多，光照充足，溫度適中，對植物生長有利。

古人在長期的勞動實踐中，根據各個時期物候的不同將小滿分為三候：初候「苦菜秀」，即小滿時節，田野裏、山坡上、田埂間的苦菜都開始開花，片片黃花，星星點點，色彩秀麗，十分引人；二候「靡草死」是說此時節溫度較高，倒下的草會很快地枯死，毫無生還的餘地；三候「麥秋至」，也就是說麥子將要成熟了。因為古人把作物生長的時間叫「春」，成熟的時間叫「秋」，四月為麥收季節，故稱「麥秋」。如《月令章句》中這樣記載：「百穀各以其初生為春，熟為秋，故麥以孟夏為秋。」

農作物生長

小滿時節，中國大部分地區已經進入夏季，明媚的陽光普照大地，農作物也正值生長的旺盛期。正可謂「梅子金黃杏子肥，榴花似火桃李墜。蜓立荷角作物旺，欣欣向榮見豐收」。

乾熱風

乾熱風亦稱「乾旱風」、「熱乾風」，習稱「火南風」或「火風」，是一種高溫、低濕，並伴有一定風力的農業氣象災害。通常的標準是日平均氣溫在攝氏三十度以上，相對濕度在百分之三十以下，風力三級以上便屬於會產生危害的乾熱風。此災害多出現於小滿時節。乾熱風主要危害在於高溫低濕環境會造成冬、春小麥及棉花等農作物生理乾旱，影響產量。

此時，對北方的冬麥區來說，地裏的小麥開始灌漿，用不了多久就要成熟，最忌高溫乾旱天氣，若出現乾熱風天氣，就會給小麥造成嚴重影響。這就意味着對麥田管理應採取有針對性的措施，加強對乾熱風災害的預測防禦，以減輕對小麥的危害。

對北方的果樹來說，此時正進入第一次果實膨大期。這時節氣溫高、蒸發蒸騰量大，易出現初夏旱，導致落果或花芽分化受阻。因此，要適時補水防旱。此時，長江以南地區平均氣溫一般高於攝氏二十二度以上，有些地方的最高氣溫可達攝氏三十五度以上，且進入了多雨的季節，正是適宜水稻栽插的季節。此時也正是苗期棉花的快速生長期，要及時定苗、移苗、補苗，以利早發健長。

節日風俗

小滿乍來，蠶婦煮繭，治車繅絲，晝夜操作。

看忙罷

每年小滿之後，麥子逐漸成熟。在一些地區的農村，出嫁的女兒要到娘家去探望並問候夏忙的準備情況。許多地方將此日定為一個節日，叫做「看忙罷」。屆時，女婿、女兒攜帶禮品或油旋饃、油糕、綠豆糕、豬肉、黃杏等食品或蔬菜水果，去丈人家慰問，並會受到熱情款待。農諺云：「麥梢黃，女看娘；卸了撥枷，娘看冤家。」意思是說，夏忙前女兒過問娘家的麥收準備工作；麥收後母親又去看望女兒，關心女兒家的收成和在麥收中的操勞情況。此俗體現了生產勞動中的心心相連，母女情長。

小滿不滿

「小滿不滿，麥有一險」是說在小滿期間，如果田裏的水量不夠，且遇乾熱風，勢必會影響小麥的灌漿乳熟，致使小麥出現籽實瘦秕的現象。所以，此期間要注意澆好麥黃水（小麥快要黃熟時所澆的水），以增強小麥的長勢，抵禦風災的侵襲，否則小麥就會遭遇減產的危險。

搶水

搶水是民間的農事習俗，人們用水車排灌，可謂是農村的一件大事。在民間，水車一般於小滿時節啟動，民諺「小滿動三車」中就有一車是水車。在水車啟動之前，農戶以村落為單位舉行搶水儀式。舉行這種儀式時，一般由年長執事者召集各戶，於確定日期的黎明時分燃起火把，在水車基上吃麥糕、麥餅、麥團，待執事者以鼓鑼為號，群人以擊器相和，踏上小河汊（河流的分岔）上事先裝好的水車，數十輛一齊踏動，把河水引灌入田，至河水中空方止。

此外，有些地方在舉行搶水儀式時還有祭車神的習俗，傳說車神為白龍，農家在車水前的車基上放上魚肉、香燭等祭拜祈禱，這種習俗的特殊之處是祭品中有白水一杯。祭祀祈禱時要將白水潑入田中，有祝水源湧旺之意。

呂祖誕

呂祖誕是民間傳統的紀念日。俗傳呂祖呂洞賓生於農曆四月十四日，故是日稱「呂祖誕」或「神仙生日」。據史載，呂洞賓是唐末五代時的道士，姓呂名嵒，號純陽，自稱回道人。相傳他年少時熟讀經史卻屢試不第，遂浪跡江湖。後在長安酒肆中偶遇鍾離權，在廬山遇火龍真人，得傳「犬道天遁劍法，龍虎金丹秘文」，百餘歲時仍然童顏不改，且步履輕盈，健步如飛，仿若神仙。全真道教奉其為五祖之一，故稱其為「呂祖」。他在民間八仙中是傳說最多、最著名的一個，同時也是在民間影響最大、普遍尊奉的神明之一。所以在其誕日，許多地方要舉辦呂祖廟會，廟會期間有一定的商貿、遊玩活動。有些地方在這天還有剪千年蓝的習俗，即剪掉千年蓝的舊葉子，扔在大街上。千年蓝即萬年青，因「蓝」與「運」同音，故用以祝吉。還有一些地方在呂祖誕這天有種植千年蓋的習俗。

浣花日

每年農曆四月十九日，是漢族傳統紀念日——浣花日。此俗主要流行於四川成都一帶。是日，人們成群結隊地宴游於成都西郊的浣花溪旁。俗傳這是為了紀念唐代女英雄浣花夫人而設的。據史載，浣花夫人是唐代節度使崔寧之妻任氏。唐大曆三年（公元七六八年），崔寧奉召進京，留其弟崔寬守城。這時，瀘州刺史楊子琳以精騎數千突襲成都，崔寬屢戰皆敗，眼看城不可保，任氏當機立斷，出家資十萬募集勇士，組織部隊，並親自披掛上陣，抵抗楊子琳的攻擊，致使叛兵敗逃，解除了成都之圍。相傳，浣花夫人生於四月十九日，於是後人為了紀念她，就將此日定為一個重要的節日（唐、宋、元三代為四月十九日，明始改為三月三）。

繞三靈

繞三靈是白族的傳統節日，流行於雲南大理等地，一般在農曆四月二十三至二十五日舉行。此節日是繁忙的水稻農事之前的一種歌舞活動，也是一種祈祝豐收的禱告儀式。此節歷時三天，每天都有不同的活動。第一天，身穿節日盛裝的男女老少以村社為單位，排成長蛇陣，彙集到蒼山五台峰下喜州聖源寺。第二天到洱海邊的村莊河涘城。第三天沿洱海到大理三塔附近的馬久邑。這三天內，人們曉行夜宿，吹吹打打，邊歌邊舞。每支隊伍由一男一女盛裝歌者領隊，兩人均手持楊柳一支，上掛葫蘆和彩花。一人右手持柳枝，左手執繩拂；一人左手持柳枝，右手甩毛巾，邊舞邊唱白族調。每到一地，有的手持金錢鼓或霸王鞭，吹起木葉，邊歌邊舞；有的用嗩吶、鑼鼓伴奏，邊走邊唱「吹吹腔」；有的則手搭花肩，唱起民族歌曲。

藥王生日

民間俗傳藥王生於農曆四月二十八日，屆時要舉行祭祀、舉辦藥王廟會等活動，以賀藥王生日。中國不同時代、不同地區流行的藥王形象並不一致，神話傳說中的伏羲、神農都被奉為「藥王」，此外還有黃帝、華佗、扁鵲、邳彤、呂洞賓、李時珍等，但最著名的藥王是唐代的孫思邈。他著有《備急千金要方》、《千金翼方》，宋徽宗曾封其為「妙應真人」。孫思邈醫術高明，因而被神化為藥王。孫思邈的神像多為赤面慈顏、五綹長髯、方巾紅袍、儀態厚樸的形象。其次是扁鵲，扁鵲是戰國時代著名的醫學家，昔日藥鋪常掛「扁鵲復生」的牌匾，反映出藥材業對扁鵲的普遍尊奉。再次是華佗。華佗是漢末醫學家，素有「藥聖」、「醫王」之稱。此外，東漢光武帝劉秀二十八將（二十八宿）之一的邳彤也被尊為藥王。相傳邳彤不僅以武功見稱，亦喜好醫學，重視醫藥。其餘的藥王，其知名度、普遍性較差一些，但也被一方所尊奉。四月二十八日究竟是誰的誕辰，說法不一，但以孫思邈、扁鵲為最多。

小滿動三車

江南蠶鄉，小滿時節，繅絲車、榨油車和水車三車齊動，故稱「小滿動三車」。小滿時節，蠶開始結繭時，農家忙着把老蠶已結好的繭丟下鍋去煮，並日夜不停地用繅絲車抽絲紡紗。小滿時不光是蠶農忙，農夫也要忙着察看稻田裏的水是多是少，多的話要用水車把水抽掉，少的話要用水車引溪河之水灌溉田地。另外，到了小滿時節，農家在上一年種下的油菜結出了長角狀的果實，裏頭是可榨油的紫黑或黃褐色的油菜籽，農家就要以榨油車舂菜籽為油。《清嘉錄．小滿動三車》中有此記載：「小滿乍來，蠶婦煮繭，治車繅絲，晝夜操作；郊外菜花，至是亦皆結實，取其子至車坊磨油，以俟估客販賣；插秧之人又各帶土分科，設遇梅雨氾濫，則集桔槔以救之，旱則用連車遞引溪河之水，傳戽入田，謂之踏水車。號小滿動三車，謂絲車、油車、田車也」。

油茶麵

油茶麵是小滿前後人們所吃的一種節令食品。小滿過後，農民最高興的事就是能夠吃到當年的新麵。這時，人們會把已經成熟的小麥割回家中，磨成新麵，然後把麵粉放入鍋內，用微火炒成麥黃色，取出。再在鍋中加入香油，用大火燒至油將冒煙時，立即倒入已經炒熟的麵粉中，攪拌均勻。最後，將黑芝麻、白芝麻用微火炒出香味；核桃炒熟去皮，剁成細末；連同瓜子仁一起倒入炒麵中拌勻即成。食用時用沸水將「油茶麵」沖攪成稠糊狀，然後放上適量的白糖和糖桂花汁攪勻即可。也可以根據自己的喜好在「油茶麵」中加鹽食用。

民間宜忌

小滿甲子庚辰日，定是蝗蟲損稻禾。

小滿忌甲子

民間忌諱小滿日是甲子日或庚辰日。民間認為，如果小滿遇到甲子或庚辰，到秋收時會有蝗災，把農夫一年辛勞的稼禾全吃掉，所以以往的黃曆上也煞有介事地記載道：「小滿甲子庚辰日，定是蝗蟲損稻禾。」

夏不坐木

進入小滿節氣後，中國大部分地區就進入了正式意義上的夏季。民間有夏不坐木之俗。小滿過後，氣溫升高，雨量增多，空氣濕度大，木頭尤其是久置露天的木器，經過露打雨淋，含水份較多，表面看上去是乾的，可是經過太陽的曝曬後，溫度升高，會使潮氣向外散發。如果在上面坐久了，容易讓人消化不良，引發皮膚病、痔瘡、關節炎等。所以，古人根據平常的生活經驗，為後人總結出了這樣的禁忌。

芒種

陽曆六月六日前後

螳螂生、鶪始鳴、反舌無聲

農事氣象

芒種才過雪不霽，伊犁河外草初肥。

芒種三候

太陽到達黃經七十五度，為芒種。「芒」指一些有芒的作物，種是種子的意思。芒種表示麥、大麥等有芒作物已經成熟，可以收割。而這時也正是忙於播種晚穀、黍、稷作物的季節，故又稱「忙種」。

芒種是種植農作物時機的分界點，此時天氣炎熱，已經進入典型的夏季，農作物都以這一節氣為界，過了這一節氣，農作物的成活率就會愈來愈低。古人依據經驗總結的芒種三候有：初候「螳螂生」，即芒種時節，螳螂出現在田間，正精神抖擻地尋找和捕捉害蟲；二候「鵙始鳴」，鵙又叫伯勞鳥，意思是到了每年的芒種時節，伯勞鳥就開始鳴叫了；三候「反舌無聲」，反舌是一種能模仿其他鳥鳴叫的鳥，古人經過長期的觀察發現，每到芒種時，便聽不到反舌鳥的啼鳴，不知牠飛到哪裏去了。

三夏大忙

芒種時節，中國絕大部份地區都進入「夏收、夏種、夏管」的「三夏」大忙季節。所謂夏收，是指此時的有芒作物小麥、大麥等已經成熟，需要及時收割，所以要做到顆粒歸倉，以防異常天氣的危害。此外，油菜、豌豆等夏雜糧也要收割；所謂夏種，主要是指回茬秋收作物，如穀子、夏大豆、夏玉米等生長期有限，為保證到秋霜發生前收穫，須盡量提前播種

虎口奪糧，龍口奪食。

芒種時節經常會有大風、暴雨或冰雹等異常天氣，於是人們便把這時搶收小麥叫做「虎口奪糧，龍口奪食」。「虎」指大風，「龍」則指暴雨、冰雹等。如此時遭遇一場大風，或者一場暴雨、冰雹，會使小麥無法及時收割、脫粒而導致倒伏、落粒、穗上發芽等，致使莊稼受到嚴重損失，所以農家都要根據氣象安排好搶收時間。

或栽插，方能取得較高產量。另外還要播種高粱及抛插紅薯等；所謂夏管，是指芒種過後，雨量漸多，氣溫漸高，春種的莊稼如棉花、春玉米等已進入需水需肥與生長高峰，不僅要追肥補水，還需除草和防病治蟲。否則，病蟲草害、乾旱、漬澇、冰雹等災害同時發生或交替出現，嚴重影響到春種莊稼的收成。此時節，南方的雙季晚稻，要特別注意稻薊馬等病蟲的防治。東北、西北地區的雨量仍然不多，冬、春小麥要適時澆水肥，作好生長後期的管理。

梅雨季節

芒種前後，中國江淮流域，雨量增多，氣溫升高，空氣非常潮濕，天氣異常悶熱，各種器具和衣物容易發霉，一般人稱這段時間為「霉雨季節」。又因為此時正是江南梅子黃熟之時，所以也稱之為「梅雨天」或「梅雨季節」。「梅雨季節」大約要持續一個月，進入梅雨的日子叫「入梅」，梅雨結束的日子叫「出梅」，具體日期因所處地理位置的不同而略有偏差。如果以太陽黃經八十度位置來算，入梅的時間應該是陽曆六月十二日左右，經過一個月，在七月十一日為出梅日。而民間一般認為天干中的「壬」為天河之水，所以將芒種後的第一個壬日立為入梅的日子，將夏至後的第一個庚日立為出梅的日子。時間大概只有半個多月。梅雨的多少，對禾穀的豐收有着重要的意義，所以梅雨季節很受民間百姓的重視。

芒種打雷年成好

芒種時節打雷，說明有雷陣雨天氣。雷陣雨天氣即群眾所說的「白雨」，它來得快，去得也快，對夏收工作一般影響不大，但它帶來的雨水對夏播作物的出苗很有利，對夏秋兩季作物都有好處，可使農作物的收成提高。故民間總結出「芒種打雷年成好」的農諺。

節日風俗

五月節，龍船鼓，響上天。

送花神

芒種送花神是一種古老的民間祭祀習俗。芒種節氣的到來預示着夏天炎熱悶濕的天氣即將來臨，此時百花開始凋零，花神退位，故民間多在芒種日舉行祭祀花神的儀式，餞送花神歸位，同時表達對花神的感激之情，盼望來年再次相會。是日，人們要設案供物，焚香祭祀，來為花神餞行；也有些地方的人們除了供奉禮品之外，還用綾羅綢緞或五彩絲絨懸掛在花枝間，以示送別；還有些地方在祭祀時，要用花瓣柳枝編成轎子或馬車來為花神送行。

煮梅

芒種煮梅的習俗在夏朝便已經有了。正月開花的梅樹在此時已經結出梅子，由於梅子味道酸澀，很難直接入口，所以需要加工後才可食用，這種加工過程便是煮梅。煮梅的方法有很多種，簡單的一種是用糖與梅子一同煮或用糖與曬乾的青梅混拌均勻，使梅汁浸出，也有用鹽與梅子一同煮或用鹽與曬乾的青梅混拌均勻，使梅汁浸出，比較考究的還要在裏面加入紫蘇。中國北方產的烏梅很有名氣，將其與甘草、山楂、冰糖一同煮，便製成了消夏佳品——酸梅湯。如果在裏面加入桂花鹵，然後冰鎮後再飲，則味道更佳。現在有很多加工的梅乾蜜餞，如話梅、奶梅及甘草梅等，都很受歡迎。

安苗

安苗是皖南地區芒種時節的一種農事習俗，此俗始於明初。每年到了芒種時節，水稻插秧工作結束後，為了祈求秋天有個好收成，各地都要舉行祭祀活動，即「安苗」。節日當天，家家戶戶都要用新麥麵蒸發麭或把麵捏成五穀六畜、瓜果蔬菜等形狀，再用蔬菜汁染上顏色，作為祭祀供品，祈求五穀豐登、人畜平安。

打泥巴仗節

每年芒種前後，貴州東南部一帶的侗族青年男女都要聚在一起舉辦打泥巴仗節。節日當天，新婚夫婦由要好的男女青年陪同，集體插秧，邊插秧邊打鬧，互扔泥巴。活動結束後，人們要互相檢查戰果，身上泥巴最多的就是當天最受歡迎的人。

端午節

起源

端午節在芒種前後，關於端午節的由來，傳說是為了紀念古代愛國詩人屈原。屈原是楚國的大臣，他很有才華，得到了楚懷王的重用，但是也引起同僚中上官大夫和令尹子蘭的嫉妒。在他們的誹謗下，昏庸的楚懷王漸漸疏遠屈原，後來竟將其流放。後來楚國被秦軍攻破，屈原眼看着自己的祖國被侵略，心如刀割，於五月初五抱巨石投汨羅江而亡。屈原死後，楚國百姓哀痛異常，紛紛到汨羅江邊去憑弔屈原，後來漸漸沿襲成俗。

另一個傳說是為了紀念春秋楚國人伍子胥。伍子胥，因父兄被楚王所殺，逃奔吳國。他幫助闔閭奪得了王位，又率兵大破楚國郢都。後來吳王夫差繼位聽信讒言，賜劍伍子胥自殺，還把他的屍體裝在牛皮袋子裏投入錢塘江中。傳說伍子胥死後化為濤神，每年在他升天化仙的五月初五日顯靈，波濤十分洶湧。於是便形成端午舉行各種祭禮，悼念伍子胥的習俗。

還有一種傳說是為了紀念孝女曹娥。相傳，曹娥之父沉溺江中，數日不見屍體，當時曹娥年僅十四歲，晝夜沿江號哭。過了十七天，在五月初五投江，五日後抱出父親的屍體。就此傳為神話，形成節日。

雖然關於端午節由來的傳說眾多，但是由於屈原愛國主義精神及其詩詞的影響，秦漢以後，端午節源於紀念屈原一說為全國大部分地區所公認，並相沿至今。

吃粽子、划龍船

屈原投江後，楚國人民非常痛惜。江中的漁夫、岸上的農夫、逃難的百姓都放聲痛罵。人們潮水般奔向屈原投江的地方。霎時，水中船成排，岸上人站滿。大家都駕着船，帶着飯，划到汨羅江中，把飯團投入江中來祭祀屈原大夫。這樣過了兩年，一天晚上，人們忽然夢見屈原，只見他面容清瘦，人們便覺奇怪。屈原告訴人們是因為米飯都被魚蚌等水族吃了，並讓人們用箬葉包飯，做成有尖角的角黍，這樣水族見了，以為是菱角就不吃了。翌年端午節，人們就照着屈原的話做了。可是，端午節過後沒幾天，屈原又給人們託夢說，有不少角黍還是被水族吃了。這下，大家沒了主意。屈原思索了片刻，忽然眉頭一展說，你們用船送角黍時，可以把船裝扮成龍的樣子，因為一切水族都屬龍王管轄，它們看見是龍王送來的，就不敢吃了。以後，人們年年都這樣做。於是，就留下了端午節吃粽子、划龍船的風俗。

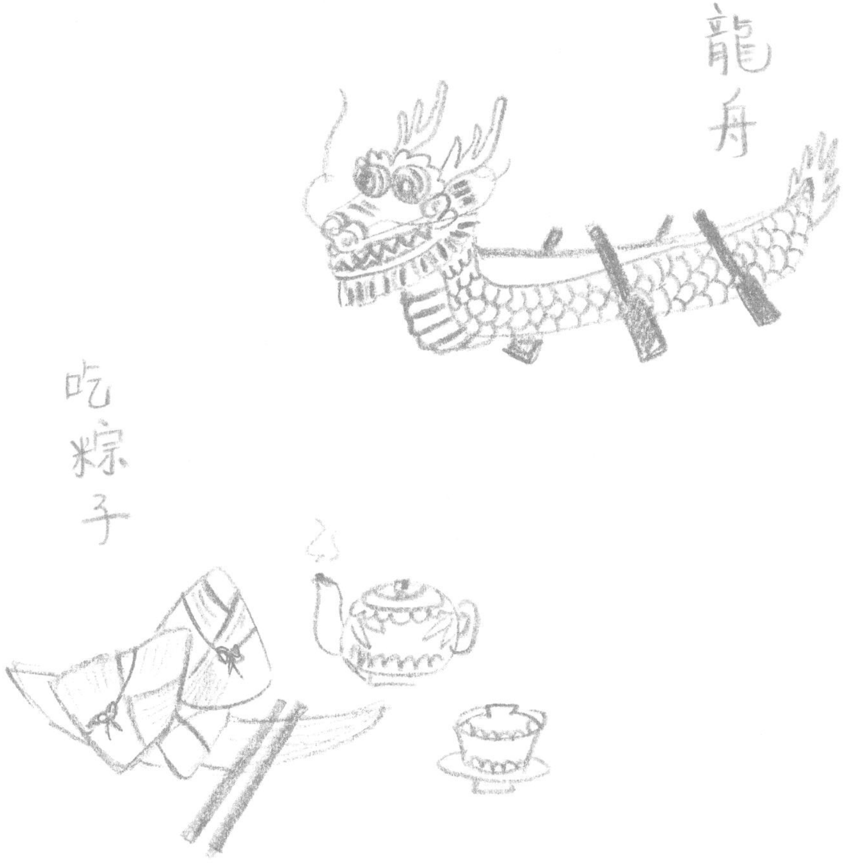
扒龍舟
吃粽子

插艾蒿

端午節民間有在門上插艾蒿的習俗。相傳很久以前，天帝經常派人下凡間體察民情。有一年的五月初五，天帝的使臣裝扮成賣油老翁在集市上叫賣：「好油便宜啊！一葫蘆二斤，二葫蘆五斤嘍！」大家聽到後爭相搶購，只有一個老頭不僅不買，還告訴賣油老翁賬算錯了。等油賣完後，賣油老翁尾隨不買油的老頭說：「你是個好人，今天晚上瘟神將要降瘟災於人間，你在自家的房檐上插艾蒿，就可以躲過瘟災。」賣油老翁說完這番話後，就不見了。不買油的老頭知道此人一定是上界神仙，於是他將那人所說的話，告訴了每戶人家。這樣瘟神無法降災，人們都得救了。此後，每年五月端午，人們都要在房檐上或門上插艾蒿防止疫病。有些地方還用艾蒿煮水洗頭、洗臉、洗眼睛，據說這樣可以避免生瘡癤、患眼疾。

艾虎

端午期間，溫度繼續升高，雨量也比以前有較大幅度的增加，空氣比較潮濕，蚊蟲開始滋生，各種疫病增多。古時，人們缺乏科學觀念，認為疾病都是因為鬼怪邪氣引起的，所以端午節那天人們就將艾草直接懸掛於門前或用艾草編成各種物品懸掛，用來驅鬼避邪，求得健康。其中最著名的就是「艾虎」，它有的是用艾枝艾葉直接編成老虎的形狀；有的則是在用布帛剪成的老虎上黏上艾葉；有的是用紙剪成虎形，在虎形下黏有艾葉。如宋代陳元靚《歲時廣記》載：「端午以艾為虎形，至有如黑豆大者，或剪綵小虎，黏艾葉以戴之。」

躲端午

端午節適逢農曆五月初五，俗信以此日為惡月惡日，認為不吉利，故民間有「躲端午」的習俗。是日，父母要將已嫁在外的女兒接回娘家過節，以躲端午之不吉。未滿周歲的兒童也要跟隨母親到外婆家過節。此外，小孩在這天要佩帶棉布縫製的小狗、小人等，躲過了端午之後，還要將所佩帶之物拋擲水中以消滅災禍。

鬥草

鬥草是一種民間遊戲，流行於中原和江南地區。起源無從考證，今人普遍認為與中醫藥學的產生有關。它在周代時就已經出現了，但直到南北朝時，才變成端午節時的習俗活動。鬥草一般用草作為比賽對象，主要有兩種鬥法。一種是文鬥，即眾人採到花草後聚到一起，一人報出自己的花草名，其他人各以手中的花草來對答，誰採的草種多，對仗的水平高，堅持到最後，誰便贏。此種玩法沒有一些相關的植物知識和文學修養是不行的。另一種是武鬥，即比賽雙方先各自採摘具有一定韌性的草，最好是車前草，然後相互交叉成「卜」字狀，並各自用勁拉扯，以草不斷方獲勝。

其他有趣食俗

煎鎚是一種圓形的煎餅，流行於福建省，一般用麵粉拌米粉（也可用少量薯粉），摻入糖或鹽、或菜、或蠔等物，混合成稀泥狀後倒入熱鍋中，煎成如滿月一樣的形狀。

葅龜流行於江蘇等地。葅意思是「剁成肉醬」。每逢端午，當地人先將肥龜煮熟，去殼後，剁成肉醬，加入食鹽、豆豉、蒜及蓼草等佐料而食。

民間宜忌

五月是惡月，蓋屋上任諸般皆不宜。

忌北風

芒種時的民間禁忌一般與氣候有關。有的地方忌颳北風，認為芒種颳北風，夏天會發生旱災。諺語「芒種刮北風，旱斷青苗根」說的就是這種情況。有的地方忌不打雷，當地民間認為芒種不打雷，這一年的莊稼都沒有好收成。

五月禁忌

五月正是炎熱酷暑將臨之際，也是流行病、瘟瘴疫癘多發之時。古人認為這是一個惡月。既是惡月，自然會有諸多禁忌，如不宜蓋屋，民間以為五月蓋屋，會令人頭禿；不宜赴官，民間以為五月上任，會導致免職或不能升遷；不宜套被子，俗信「五月套被無人睡」，民間還有「添個裏兒，死個女兒；添個面兒，死個漢兒；添一床，必死娘。」的民諺；忌給小兒剃頭，俗信五月給小孩剃頭，小孩易生癩且多病；忌五月多雨，民間認為五月多雨，莊稼定要歉收。在科技不發達的古代，甚至連五月尤其是五月五日生下的孩子都認為是不吉利的。民間認為五月生子，各種毒氣、疫疾、鬼怪都會侵襲到嬰兒體內，對父母不利。萬一生下來了，即使不殺死，也得送到外婆家或河邊池畔去，以免衝撞家人。儘管五月出生的人裏出了許多大官，甚至皇帝，但因為思想的局限，有些地方的人們至今還不肯拋棄這種禁忌，總是心有餘悸。

夏至

陽曆六月二十二日前後
鹿角解、蜩始鳴、半夏生

農事氣象

夏至有雷，六月旱，夏至逢雨，三伏熱。

夏至三候

太陽到達黃經九十度，為夏至。炎熱的夏天來臨。這天，太陽光直射北回歸線上，是北半球白晝最長、黑夜最短的一天。古稱日長至，日影最短。

夏至早在春秋時代就已確立。「至」字面意思是「極」，這裏指日形長到終極。夏至這一天，太陽輻射到地面的熱量仍比地面向空中散發的多，故在短時期內氣溫繼續升高，隨後炎熱的盛夏即將來臨。古人依據經驗總結的夏至三候有：初候「鹿角解」，即夏至時節梅花鹿頭角上的粗糙表皮開始脫去；二候「蜩始鳴」，蜩又叫做「蟬」，「蜩始鳴」也就是說，蟬開始躲在樹蔭裏「知知」地鳴叫；三候「半夏生」，半夏是一種中草藥，半夏生指的就是半夏開始出苗。

中耕鋤地

夏至以後，除青藏高原、東北、內蒙古和雲南等省區內有一些常年無夏區外，其他各地日平均氣溫一般都升至攝氏二十二度以上，較高的氣溫與充足的光照使得農作物生長旺盛，因而對水肥的需求量也高，所以農家都加緊水肥管理，為農作物的快速生長提供合理的營養保證。此時，淮河以南的早稻正在抽穗揚花，田間水份管理要合理，即足水抽穗，濕潤灌漿，使田地乾濕相間，這樣既能滿足水稻結實對水份的需要，又能透氣養根，保證活熟到老，提高籽粒重量。此時，華南東部進入全年雨量最多的時節，往後常受副熱帶高壓控制，容易出現伏旱。為了增強抗旱能力，奪取農業豐收，在這些地區，搶蓄伏前雨水是一項重要措施。此外，夏至時節，各種田雜草和莊稼一樣生長也很快，不僅與農作物爭水爭肥爭陽光，而且是多種病菌和害蟲的寄主。因此，抓緊中耕鋤地是夏至時節極為重要的增產措施之一。

夏雨隔田坎

夏至以後，地面受熱強烈，空氣對流旺盛，午後至傍晚常易形成雷陣雨。這種熱雷雨驟來疾去，降雨範圍小，且分佈不均，人們稱其「夏雨隔田坎」。唐代詩人劉禹錫曾巧妙地借喻這種天氣，寫出「東邊日出西邊雨，道是無晴卻有晴」的著名詩句。

夏九九

夏九九與冬九九相對，夏九九是用「九九」計算來反映夏季氣候變化；而冬九九則用「九九」計算來反映冬季氣候變化。夏九九是以夏至日作為頭九的第一天，每九天為一九，順次稱為一九、二九……直到九九，共八十一天，期間要經歷夏至、小暑、大暑、立秋、處暑、白露六個節氣。湖北省江漢平原一帶，流傳的一首《夏至九九歌》最能反映大部分地區的氣候特點，全文為：「夏至入頭九，羽扇握在手。二九一十八，脫冠着羅紗。三九二十七，出門汗欲滴。四九三十六，卷席露天宿。五九四十五，炎秋似老虎。六九五十四，乘涼進廟祠。七九六十三，床頭換被單。八九七十二，子夜尋棉被。九九八十一，開櫃拿棉衣。」《吳下田家志》中也有《夏至九九歌》的記載，其歌詞為：「一九至二九，扇子弗離手。三九二十七，冰水如甜蜜。四九三十六，拭汗如出浴。五九四十五，樹頭秋葉舞。六九五十四，乘涼弗入寺。七九六十三，床頭尋被單。八九七十二，思量蓋夾被。九九八十一，家家找棉衣。」這些民諺是勞動人民對自然界仔細觀察而總結出來的經驗和智慧，在當時科學技術尚不發達的年代，對指導農事活動有很大的幫助。

熱在三伏

三伏是傳統的時令，其日期是按照干支紀日來推算的。每年夏至後第三個庚日起的十天為「初伏」，夏至後第四個庚日為「中伏」的開始日，立秋後的第一個庚日起的十天為「末伏」，合稱「三伏」。進入三伏叫「入伏」，三伏的整個時期稱「伏期」。按照規定來確定的三伏時期有的年份長，有的年份短。因為這樣確定的伏期，初伏十天，末伏十天，而中伏有的年份十天，有的年份二十天。每年三伏大概在陽曆七月中旬至八月中旬之間，這時太陽正直射北半球，晝長夜短，地面吸熱量大於散熱量，積蓄熱量增多，加上中國東南地區常處於副熱帶高壓控制下，天氣晴朗少雨，溫度升高，故民諺有「熱在三伏」之說。

節日風俗

到了夏至節，鋤頭不能歇。

夏至節

夏至，是先秦古人確立的四大節氣（春分、夏至、秋分、冬至）之一，後來逐漸成為重要的民俗節日——夏至節。由於夏至是農作物生長最快的時節，也是發生病蟲害、水旱災害最頻繁的時期，這對於農作物來說，都是極為不利的。農作物受害的程度將直接決定糧食的豐歉。往日，由於科技不發達，人們常在夏至節舉行祭祀儀式，祈求禳災避邪，以求五穀豐登。祭祀對象、祭祀儀式及供品也因地域、民族不同而多有差異。一般的祭祀對象多為祖先、土地神（或稱地母）、水神等。因為祖先庇佑子孫，土地神主宰農作物的收穫，水神主管降雨。早在周朝，祭祀天地只是皇帝的特權，平民百姓無權祭祀。土地祭儀式非常隆重，一般由帝王親自主持，所有參加土地祭的王公大臣及神職人員都必須先行齋戒。現座落於北京安定門外的地壇，就是明清皇帝夏至祭祀土地神的地方。

隨着時代的發展，土地祭也成為民間的一項重要活動。漢族民間土地祭多在土地廟、田間等進行。祭祀供品以麵食為主，因為夏至正是小麥收穫的時節，用新小麥做成麵條供奉，亦有讓土地神嚐新之意，一來表達對今年豐收的感謝，二來祈求來年消災解難、再獲豐收。因夏天炎熱，涼麵（即過水撈麵）最適宜食用，所以夏至節人們常以涼麵祭祀土地神。後來有些地區也採用餛飩、涼粉、涼皮、荔枝或狗肉等作供品。現在夏至節祭祀的習俗已基本消失，但吃麵的食俗卻流傳了下來。民間有「冬至餛飩夏至面」之諺。

戴棗花

俗信夏至日女子頭上戴棗花可避邪又可治腿腳不適。每當夏至時節，樹梢夏蟬開始鳴叫，鄉下棗花盛開，小星星似的米黃色棗花幽幽飄香。婦女便一起去採集棗花，然後互相幫對方戴在頭上。年長的婦女在戴棗花時，嘴裏還唸唸有詞：「腳麻腳麻，頭上戴朵棗花」。

止麥蠹

止麥蠹是民間農事風俗。這種風俗是因為舊時科技不發達，人們為了祈求糧食不遭蟲害而想出的方法，類似一種巫術。其具體做法是在夏至日，採集野菊花燒成灰，將菊花灰撒在麥囤裏。俗信這樣可以止住麥蛾、麥蚜等害蟲。這種習俗起源很早，《荊楚歲時記》中有這樣的記載：「是日（夏至）取菊為灰，以止小麥蠹。」

夕九節

瑤族的夕九節於每年農曆五月二十九日舉行，流行於廣西壯族自治區桂西一帶。關於此節的來歷，當地瑤族有這樣一個傳說：原來此地的瑤族人民都居住在中原地區，可是後來由於異族統治者欺壓驅趕，不得不舉族遷徙。當他們歷盡艱難險阻，終於安營紮寨後，才發現艱辛的遷徙讓他們連過年都忘記了。於是他們便按照瑤族年節的習俗，舉行了一次節日活動，以祈禱能安居樂業，這天正好是農曆五月二十九日。後來，生活在這裏的瑤族人民便把這天定為夕九節。節日期間，各村寨的人都要穿上民族盛裝，擂響牛皮鼓，殺豬宰羊，釀酒添菜。這天，人們還要走親訪友，互相致賀，共慶佳節。

食俗

夏至麵

夏至最主要的食俗就是吃麵。北方的夏至麵主要是打鹵麵、炸醬麵、白切麵條、炒麵等，南方則是陽春麵、油渣麵、澆頭麵、兩麵黃等。有些地方還用麵做薄餅烤熟後加上青菜、豆莢、豆腐以及臘肉，在祭祖後食用或者贈送親友。

狗肉

其中最著名的就是吃夏至狗肉，即在夏至日殺狗燉狗肉吃。俗信在此日食狗肉可以祛病強身，抵禦瘟疫。

吃粽子

在西北地區，陝西等地夏至這天要吃粽子。

莧菜和葫蘆瓜

有些地方成年的外甥和外甥女要到娘舅家吃飯，舅舅家一般要準備莧菜和葫蘆瓜做菜，俗信此日吃了莧菜不會發痧，吃了葫蘆腿就有力氣。

吃臘肉

也有的地方是到外婆家吃臘肉，據說此日吃了臘肉不會疰夏。

伏天吃麵的原因

「頭伏餃子、二伏麵、三伏烙餅攤雞蛋。」自魏晉以來，民間就有伏天吃麵的習俗。俗傳，用新收穫的小麥磨成麵粉，做湯餅吃，可以解暑熱、刺激食欲。至今，無論南方北方，還是城市鄉村，都有伏天吃涼粉、涼麵的習慣。用豌豆麵或蕎麥面，做成涼粉、涼麵，煮熟後於深井水裏浸泡，後拌芝麻醬、香醋、蒜泥之類，吃起來清香可口，確可解暑提神。

民間宜忌

夏至五月頭，不種芝麻也吃油；夏至五月終，十個油坊九個空。

忌雷雨

夏至對農事來說是一個很重要的節氣，由於昔日科技不發達，人們過着靠天吃飯的日子，因此民間在此日忌有雷雨。俗偐云「夏至有雷，六月旱，夏至逢雨，三伏熱。」過去農家還把夏至到小暑之間的十五天，分成頭時、二時和末時三段，合稱為「三時」。其中頭時三天、二時五天、末時七天。農人最怕的就是時中下雨和時末打雷下雨，俗信如果此時遇雨會遭遇水災。

日期的忌諱

有些地方不僅對夏至的氣候有所忌諱，對夏至日的日期也有所忌諱。如河南、陝西等地忌諱夏至日的日期在農曆五月末。俗信如果夏至日恰逢農曆五月末則整個年景多會歉收。所以民間有諺語說：「夏至五月頭，不種芝麻也吃油；夏至五月終，十個油坊九個空。」

小暑

陽曆七月七日前後

溫風始至、蟋蟀居壁、鷹始鷙

農事氣象

小暑天氣熱，棉花整枝不停歇。

小暑三候

太陽到達黃經一零五度，為小暑。「暑」表示炎熱。小暑時暑氣上升，氣候炎熱，但還沒有達到最熱的時候。古人根據長期的觀察和總結將小暑分為三候：初候，「溫風始至」，即小暑時節，乾燥悶熱的風開始颳來；二候，「蟋蟀居壁」，意思是說，小暑時天氣炎熱，地面的溫度很高，蟋蟀也跑到岩壁下陰涼的地方乘涼休息；三候，「鷹始鷙」，也就是說此時鷹等猛禽哺育出的幼鳥也飛出巢穴，開始學習捕食了。小暑的三個物候現象顯示，小暑時節陽光充足，雨量充沛，氣溫恆高，農作物生長特別快，田間的雜草也隨之狂長。

農作物的影響

小暑時節，早稻處於灌漿後期，所以要注意讓稻田乾濕相間；中稻此時已經開始拔節，進入孕穗期，農人應根據其長勢適時追施穗肥，促穗大粒多；單季晚稻正在分蘖，應及早施好分蘖肥，為其做好營養供給工作；雙季晚稻秧苗要防治病蟲，於栽秧前五至七天施足「送嫁肥」。此時大部分棉區的棉花開始開花結鈴，生長最為旺盛，在重施花鈴肥的同時，要及時整枝、打杈、去老葉，以協調植株體內養份分配，增強通風透光，改善群體小氣候，減少蕾鈴脫落。民諺「小暑天氣熱，棉花整枝不停歇」說的就是這種情況。盛夏高溫亦是蚜蟲、紅蜘蛛等多種害蟲高發的季節，應及時做好田間病蟲害的防治工作。

此外，小暑以後，江淮流域梅雨先後結束，東部淮河、秦嶺一線以北的廣大地區降水量則明顯增加，且雨量比較集中；華南、西南、青藏高原也處在雨季中；而長江中下游地區則會出現高溫少雨天氣，所以農人要及早蓄水防旱。

雷暴

小暑前後，中國南方大部分地區進入雷暴最多的季節。雷暴是一種劇烈的天氣現象，是積雨雲雲中、雲間或雲地之間產生的一種放電現象。雷暴發生時往往雷鳴電閃，有時也可只聞雷聲，是一種中小尺度的強對流天氣系統。出現時間以下午為多，有時夜間因雲頂輻射冷卻，雲層內溫度層結變得很不穩定，雲塊翻滾，也可能出現雷暴，即夜雷暴。產生雷暴天氣系統的主要條件是大氣層結不穩定。對流層中、上部為乾冷平流，下部為暖濕平流，最易生成強雷暴。強雷暴常伴有大風、冰雹、龍捲風、暴雨和雷擊等，是一種危險的天氣現象。它不僅會影響飛機的飛行安全，干擾無線電通信；而且還會擊毀建築物、輸電和通訊線路、電氣機車，擊傷擊斃人畜，引起火災等。所以應及時做好預防工作。

節日風俗

頭伏餃子，二伏麵，三伏烙餅攤雞蛋。

封齋開齋

苗族封齋節於每年小暑前的辰日開始，一直到小暑後的巳日才結束。巳日為開齋節。

從封齋日起，忌吃魚、蝦、雞、鴨、蟹等，只准吃豬肉、牛肉、羊肉，見飛禽走獸不能打，連提及名稱也不許。苗族人認為如果犯忌會招致災禍，俗信這一天是鴉溪大王遇難日。封齋時若有家人去世，要殺豬酬祭神靈，以示赦罪。巳日開齋節時，各村寨的人們會集資殺豬祭神，求神保佑賜福。豬肉及內臟要按戶分配。這天各家的女婿要來到岳丈家中宴飲，共享開齋之樂。

吃蟲節

每年農曆六月初二，是仡佬族的吃蟲節。傳說古時候，仡佬山蟲災連年，五穀歉收。人們面對蟲災無可奈何。六月初二，甲娘從外鄉回娘家，沒有帶禮物，心裏很難過。她邊走邊想，可是怎麼也想不出辦法來。當她走到自家的田邊時，就坐在田坎上休息。孩子見媽媽不走了，就跑到田裏捉蟲子玩，一下子捉了好幾包。甲娘見了，突然想到用蟲子做禮物。於是，她把蟲子帶回家，炒了給大家吃，大家都覺得清香可口。這件事一下子就傳開了。人們爭着捉蟲子吃，於是害蟲數量大減，那年取得了大豐收。寨老賞了甲娘三頭肥豬，甲娘把豬殺了分給百姓。後來，甲娘死了，人們在田垌中間立廟，紀念甲娘，這座廟後來就叫「吃蟲廟」。

後來，每年農曆六月初二吃蟲的風俗逐漸演變為節日——吃蟲節。是日，出嫁的婦女都必須回家過節，一路上邊走邊捉蟲，作為禮物。每戶人家用捕捉來的害蟲為原料，做成「油炸蝗蟲」、「醃酸螞蚱」、「甜炒蝶蛹」、「蚜米泥鰍」等菜肴，全家人圍坐在一起，家中長者說：「吃！嚼牠個粉身碎骨，吃牠個斷子絕孫！」家人隨即一齊動筷共食。這一天人們還齊聚在村中吃蟲廟前唱歌跳舞，共慶節日，預祝豐收。昔日，人們還敲鑼打鼓，在田間穿行，邊走邊捉蟲，並在田邊插上灑有雞血的小紅旗，以示對害蟲的威嚇。

食新

許多地方在小暑時有食新的習俗，即在小暑過後嚐新米，農民將新割的稻穀碾成米後，做好飯供祀五穀大神和祖先，然後人人吃嚐新酒。據說吃新乃吃辛，是小暑節後第一個辛日。城市一般買少量新米與老米同煮，加上新上市的蔬菜等。

三伏食俗

小暑開始入伏，民間有「頭伏餃子，二伏麵，三伏烙餅攤雞蛋」的食俗。頭伏吃餃子是因為伏日裏人們食欲不振，比常日消瘦，俗謂之苦夏，而餃子正是開胃解饞的食物。

炒麵

有些地方在小暑時有吃炒麵的習俗，認為小暑時吃了炒麵可以終年不患腸胃疾病。所謂炒麵是用鍋將新產的小麥炒熟，然後磨成麵粉再用水加糖拌着吃。這種吃法漢代已有，至唐宋時更為普遍。唐代醫學家蘇恭說，炒麵可「解煩熱，止泄，實大腸」。

蓮藕

有些地方在小暑有吃蓮藕的習俗。蓮藕含有大量的碳水化合物、鈣磷鐵和多種維他命、鉀和膳食纖維，具有清熱養血除煩等功效，可隨意食用，有安神入睡之功效，可治血虛失眠。

六月六

據學者考證，六月六定為節日源於宋代，北宋真宗皇帝恥於屈辱的澶淵之盟，欲借天瑞封禪於泰山等地，以懾服民眾、威震四方。於是假託夢見神明於正月、六月兩次降天書於京師、泰山。大中祥符四年（一〇一一年），宋真宗下詔，定第二次降天書的六月六為天貺節，並於岱廟修天貺殿。是日，京師禁屠一天，皇帝親率百官行香於上清宮。但此節行之不遠，後來逐漸泯滅了，代之而起的是曬衣、曬書之舉；各個寺廟在這天也有曬經書的習俗。

請姑姑

六月六日，許多地方都有請已出嫁的姑娘回家過節的習俗。諺云：「六月六，請姑姑」。因此，這天也被稱為「姑姑節」。

六月六請姑姑的習俗，據傳源於春秋時晉國宰相狐偃改過的故事。晉國宰相狐偃精明能幹，晉國上至晉文公，下至黎民百姓都十分敬重愛戴他。因此每年六月初六他過生日的時候，就有好多人給他送禮賀壽。但他後來慢慢地居功自傲，揮霍無度，變得驕橫起來，人們對他敢怒不敢言。但他仍舊我行我素，不知悔改，甚至氣死了好言相勸的親家翁。他的女婿為了給民除害，也為了給父親報仇，決定趁六月初六為岳父賀壽之機，殺死他。狐偃女兒知道此事後，雖然覺得父親很過份，但仍不希望他被殺，於是急忙奔回娘家報告此事。狐偃下鄉放糧歸來，聽說此事，便在生日這天，請女兒女婿回門，並承認自己的錯誤，且誠懇地改過。從此，岳婿關係更加親密了。此事傳出去後，民間紛紛仿效，取其改過、認錯、解怨、免災之意，每年六月初六，請出嫁的女兒回娘家，已成為約定俗成的習俗。

曬龍衣

關於六月六曬龍衣的傳說流傳得最廣的有兩個。一是：有李姓婦人於六月六生下一條龍。龍母受驚嚇而亡，龍父一怒之下揮斧斬斷了龍子的尾巴。龍子負痛騰飛，挾雷帶電去了黑龍江。這條龍後來被人們稱為「禿尾巴老李」。龍父斬龍尾後，追悔莫及，便將龍尾妥善保存，為防霉變，乃在每年龍子生日時取出晾曬。禿尾巴老李也思念故鄉，每年六月六便回來探親，並帶來好風好雨。為紀念禿尾巴老李，民間興起六月六晾曬衣物的風俗，稱之為「曬龍衣」。另一個傳說是：清朝乾隆皇帝在揚州巡遊時，恰逢大雨，淋濕了外衣，又不好借百姓衣服替換，只好待雨過天晴，將濕衣曬乾再穿，一天正好是六月六，故有「曬龍衣」之說。

過半年

每年農曆六月初六，瑤族人民要舉行傳統民族節日——「半年」。相傳很久以前，居住在山裏的瑤族人民成天忙於打獵種地，把祭祀神靈的事忘了，長年不燒一炷香火。八方神仙享不到祭牲，嗅不到香火，很不甘心，一齊到天上向玉帝告了瑤家一狀。玉帝聽說了十分生氣，派了瘧神和痧神下人間作祟。但他又擔心把人害絕了，會更享受不到祭祀，於是就下了個限令：「過了年兩瘟神就得出瑤山，不能讓瑤族絕後。」兩個瘟神來到瑤山後，瘧疾、泥鰍痧、絞腸痧等瘟疫頓時在這裏橫行起來，瑤族人民吃盡了苦頭。

五月的一天，兩個瘟神在石榴樹下閒聊，正好被路過此地的盤家老大聽到了，於是他回去把這個消息告訴了大家。得知兩個瘟神要過了年才走，眾人都十分着急，但很快想出了一個好辦法。就在六月初六土地公公過生日這天，瑤家像過年一樣大操大辦，殺雞殺鴨，宰豬宰羊，貼對子，放響炮，唱瑤歌，走親戚。兩個瘟神很奇怪，又在石榴樹下商量，他們的話恰好又被盤家老二聽到了。他趕緊告訴大家，兩個瘟神以為過年了，但卻不見吃蘿蔔，不見下大雪，心中有疑。於是人們家家都煮了一大鍋葫蘆，故意到處喊娃子吃「蘿蔔」，又把石灰撒到田間、房頭，這才瞞哄過兩個瘟神。瘟神提前返回了天宮，人們這才得以安康。於是六月六過半年的習俗就傳了下來。

火龍會

每年農曆六月十一日至十三日，中國許多地方都要舉行火龍會。火龍會即耍火龍，其目的是驅蟲消災，一般在夜晚舉行。據說這個民俗活動的由來與炎帝有關。相傳，有一年稻花飄香時，遇到了大旱，接着又發生了來勢兇猛的蝗災。有位老人，一天夜裏忽然夢見一位滿頭紅髮，臉色通紅，身披麻布，肩背藥簍的長者來到他身邊，並用手中的龍頭拐杖戳了他幾下，說：「快起來，到田裏打蟲子去吧！」說完，把龍頭拐杖往田壟上空一丟，眨眼間紅髮紅面的長者就不見了。老人醒來後，走到田間只見一條火龍，口中噴吐煙火，飛旋着追剿蝗蟲。老人想起夢中的情景，推測一定是炎帝顯靈，以拐杖化為火龍，來幫助他們。此後的兩個夜晚，火龍都來了，把蝗蟲消滅得乾乾淨淨。第三天晚上，火龍離開後，雷電交加，大雨嘩嘩，所有的稻田都得救了。這年秋天，處處是豐收的景象。炎帝遣火龍滅蟲的日子，正好是農曆六月十一至十三日。於是許多地方的農民每年在這個時間舉行火龍會，以紀念炎帝助人滅災的事跡。

民間宜忌

小暑西南風，三車勿動。

宜排汗降溫

小暑過後，已進入伏天，天氣愈來愈炎熱，此時陽氣過旺使人體氣血、津液代謝過快，人體動力之本的心臟機能處於超負荷狀態，要注意防止心力衰竭，注意適當清補，養心防暑。雖然此節氣陽氣很盛，但陰氣已經開始生長，所以不能過於貪涼。此時，還應適當讓身體通過排汗降溫，以使體內的一些毒素順利排出。不過應注意，排汗後要及時補充水份。

忌西南風

民間許多地方，小暑日忌颳西南風，俗信如果此日颳西南風，這一年將年景不好，莊稼也要歉收。農諺「小暑西南風，三車勿動」就是人們對此禁忌的總結。三車指油車、軋花車、碾米的風車，意思是小暑前後，西南風和東南風的交匯機會多，主年景不好，農作物歉收，風車、軋車、油車都不動了。

注意補肝強腎

同時，中醫認為，此時肝氣已漸漸微弱，所以應注意補肝強腎。此外，炎熱的氣候使人的脾胃受阻，人們常常會心煩意亂，精神萎靡，困倦乏力。故此時應注意飲食和運動調養，多食薄荷、生薑、陳皮等醒脾的食物；多做散步、慢跑等運動。

大暑

陽曆七月二十二日前後

腐草化螢、土潤溽暑、大雨時行

農事氣象

大暑來，種芥菜。

大暑三候

太陽到達黃經一百二十度，為大暑。一年中最炎熱的時期。俗語說「熱在三伏」，而初伏、中伏都集中在大暑附近，所以這段時期天氣十分炎熱。大暑的傳統物候有三：初候，「腐草化螢」，這時夜晚，螢火蟲會在腐草敗葉上飛來飛去，尋機捕食。二候，「土潤溽暑」，大暑時節，土壤高溫潮濕，很適宜水稻等喜水性作物的生長。三候，「大雨時行」，大暑伏天，在雨熱同季的潮熱天氣，隨時都會形成雨水落下。大暑時節雨量比其他月份明顯增多，農家既要時刻注意暴雨侵襲，預防洪澇災害的發生，又要做好抗旱保收的準備工作。

大暑中伏

大暑正值中伏前後，是一年中氣溫最高、最熱的時期。入伏後，華南西部光、熱、水都處於一年的高峰期，三者互為促進，形成對大暑作物生長的良好氣候條件。華南東部這時高溫卻與少雨相伴，不僅會限制光熱優勢的發揮，還會加劇伏旱對大暑作物的不利影響。為了抗禦伏旱，除了前期要注意蓄水以外，還應該根據華南東部的氣候特點，改進作物栽培措施，以趨利避害。

節日風俗

大暑吃荔枝，營養賽人參。

喝暑羊

農曆大暑，魯南地區講究喝羊肉湯，稱之為「喝暑羊」。這一習俗沿襲至今，逢大暑日，山東棗莊的羊肉館，還會出現人滿為患的場面。棗莊吃伏羊的習慣，與當地的農事、氣候有關。棗莊是有名的麥產區，入伏之時，正值麥收結束，新麵上市，是一個短暫的農閒期。人們開始想吃點甚麼。新麥饃饃不可少，狠狠心，再殺隻羊，把出嫁了的閨女接回來吃新麥饃饃，喝羊肉湯。各家紛紛仿效，於是便成了一方民俗。

送大暑船

浙江椒江口一帶，專門在大暑這天舉辦大暑廟會，並有隆重的祈福儀式和活動。最主要的祈福儀式，就是送大暑船。

送大暑船習俗的由來有兩種說法，一種說法是：相傳晚清時，當地病疫流行，大暑前後到達頂峰。民間認為這是張元伯、劉元達、趙公明、史文業、鍾仕貴五聖所致，於是建五聖廟，祈求五聖保佑一方平安。後選大暑為供奉日，並用漁船將貢品沿江送到江口外，以示虔誠。久而流傳，便形成送大暑船的習俗。

另一種說法是：大暑處農曆夏秋之交，是颱風易發的季節。昔日漁業生產落後，漁船都是木帆船，船上沒有通訊設備，出門捕撈的人只能聽天由命，不少人因大風大浪葬身海底，命歸黃泉。這些海上孤魂難以還鄉，活着的人為了悼念遭難的親人，就用送大暑船的形式寄錢寄物，寄託對遭難親人的哀思。大暑節送大暑船的習俗由此而來。

現今，這項活動成了椒江口一帶休漁期中最隆重的民間節俗，它帶有中國傳統文化中圖騰符號的意義，通過此節俗寄託漁民祈求一年風調雨順、家和業興的美好願景，同時這節俗已愈來愈變得有觀賞價值，這也是這節俗的非凡意義所在。

敬火神

在人類文明史上，火的發明具有劃時代意義，火給人類帶來了福音。世界各國各民族都有自己的火神，民間稱火神為火神爺，火神爺是祝融和吳回的綜合體，故而在民俗的祭祀中，火神的誕辰有兩個，即農曆的六月二十三和九月初九。在這兩個日子裏，從官方到民間，都要隆重地祭拜，有的地方還抬着火神爺的神像在鼓樂聲中遊街，場面十分熱鬧。

這兩個誕辰日處在酷夏和燥秋，正是火情容易發生之時，人們予以慶賀，目的之一是祈請火神爺多方關照，之二是以此警醒自己，提高防火消災的意識。

馬神節

在清代，農曆六月二十三日為「馬神節」，又稱「馬王節」。是日，王公府邸大官富人都在驟馬公館的馬號敬馬王，他們發給僕役置辦祭品的銀錢，到下午祭祀完畢，所有祭祀酒肉果品，即有僕役享受，名為供馬王，實是賜宴僕役。當日，馬車夫還可向乘客索取幾倍車費，稱之為「祈福錢」。由此可見，這個以遊牧而得天下的王朝對馬的份外尊崇。

過大暑

福建莆田人在大暑節那天，有吃荔枝、羊肉和米糟的習俗，叫做「過大暑」。荔枝是莆田特產，大暑節前後，是其成熟的時候。荔枝含有大量的葡萄糖和多種維生素，營養價值很高，吃荔枝可以滋補身體。大暑節前些天，莆田人將鮮荔枝浸於冷井水中，大暑節當天將荔枝取出便吃，據說這時吃荔枝最愜意、最滋補，所以有人說：「大暑吃荔枝，營養賽人參。」

溫湯羊肉是莆田獨特的風味菜肴之一。把羊宰後，去毛卸臟，整隻放進滾燙的鍋裏翻燙，撈起放入大陶缸中，再把鍋內的滾湯注入，泡浸一定時間後取出即可。吃時，把羊肉切成片，肉肥脆嫩，味鮮可口。

將米飯拌和白米麴讓它發酵，透熟成糟；到大暑那天，把它劃成一塊塊，再加些紅糖煮食。據說這樣可以大補元氣。莆田人在大暑節那天，也以荔枝、羊肉為親友之間互贈的禮品。

火把狂歡

火把節是彝族、白族、納西族、拉祜族、哈尼族、普米族、哈薩克族等古老而重要的民族傳統節日，有着深厚的民俗文化內涵，蜚聲海內外，被稱為「東方的狂歡節」。大多是在農曆的六月二十四舉行，節期三天。節慶期間，各族男女青年或點燃松木製成的火把，到村寨田間活動，邊走邊把松香撒向火把照天祈年，除穢求吉；或唱歌、跳舞、賽馬、鬥牛、摔跤；或舉行盛大的篝火晚會，徹夜狂歡。同時，人們利用歡聚之機，互相交流生產經驗，共祝各民族團結和來年的大豐收。

吃仙草

吃仙草是廣東大暑節日的習俗。仙草又名涼粉草、仙人草，唇形科仙草屬草本植物，為重要的藥食兩用植物資源。由於其神奇的消暑功效，被譽為「仙草」。莖葉曬乾後可以做成燒仙草，廣東一帶叫涼粉，是一種消暑的甜品，本身也可入藥。民諺：「六月大暑吃仙草，活如神仙不會老」。燒仙草是台灣著名的小吃之一，有冷熱兩種吃法。燒仙草的外觀和口味均類似粵港澳流行的龜苓膏，也同樣具有清熱解毒的功效。但這種食品孕婦忌吃。

民間宜忌

大暑火熱宜歇晌

宜歇晌

大暑天氣炎熱，夜晚溫度高導致睡眠不好，食欲不振，身倦體乏，口乾舌燥，這就是人們常說的「苦夏」。在苦夏期間，人特別容易中暑。為減少中暑現象，在天氣特別炎熱的時候，農家宜用「歇晌」的辦法來應對這一階段的農事生產。即清晨出工，待到太陽升高時休息，避開中午的暑熱，待下午三點後，太陽西移時再下地勞動。夏季是植物生長旺盛的季節，也是各種微生物及細菌的繁殖季節，莊戶人家在飲食方面一定要注意講究衛生，多喝開水，多吃清淡易消化的飲食，下地勞動時，帶點茶水或淡鹽開水。

宜防暑清補

每季節末的最後十八天歸脾所主，脾最怕濕，大暑恰是這樣的時刻。所以，夏日乘涼飲冷易受寒濕，造成脾胃不和，身熱、便溏、腕腹脹疼。因此，大暑應遵循如下養生原則：首先，進行清補，以補充炎熱氣候造成的津液濕氣；再次，根據脾主每季末十八天和脾喜燥惡濕的特點，防暑熱除濕氣。

在高溫的天氣裏，極易中暑，應盡量避免高溫時出行。同時，要注意及時補充水份，適當增加營養，增強體質。另外，酷熱難當，人體能消耗較大，抵抗力減弱，若過度貪涼，喜歡在戶外睡覺或久臥空調房間，極易損傷機體。

冬病夏治

在養生保健中常有「冬病夏治」的說法，故對於那些冬季發作的慢性疾病，如慢性支氣管炎、肺氣腫、支氣管哮喘、腹瀉、風濕等陽虛症，是最佳的治療時機。有上述慢性病的患者，在夏季尤其應該細心調養，重點防治。

立秋

陽曆八月八日前後
涼風至、白露降、寒蟬鳴

農事氣象

立秋之日涼風至

立秋三候

太陽到達黃經一百三十五度，為立秋。秋是作物快成熟的意思。立秋是秋天的開始，這時起氣溫逐漸下降，秋高氣爽、月明風清。古代「秋」字還有「就」的意思，立秋即為「萬物就成之時」，此時作物均已成熟，到了收穫的季節。諺語「立秋三天遍地紅」的「紅」字，即是莊稼成熟之意。從字面上解，「秋」從禾與火，其含義實際上就是莊稼快成熟的意思。

立秋三候指初候涼風至、二候白露降、三候寒蟬鳴。初候意為立秋後，北方的涼風開始吹來，使人感覺十分涼爽。二候是說由於白天日照仍很強烈，夜晚的涼風颼來形成一定的晝夜溫差，使野外的水汽凝結成晶瑩的露珠。行走在田邊地頭，褲腳會被白茫茫的露水所打濕。三候說的則是溫度適中，食物充足，蟬在微風中，躲在樹叢裏得意地鳴叫着。

一場秋雨一場涼

立秋預示着炎熱的夏天即將過去，每下一場雨，天氣就會變涼快一些，故有「一場秋雨一場涼」之說。但事實上，按持續五天平均氣溫在攝氏十至二十二度之間為「秋」的標準，中國除常年皆冬地區和春秋相連無夏區外，很少有在立秋就進入秋季的地區。即使是秋來得最早的是黑龍江和新疆北部，也要在八月中旬才進入秋季。一般年份裏，北京九月中旬才開始入秋。十月上旬秋風吹至浙江麗水、江西南昌、湖南衡陽一帶。當秋的腳步踏上「天涯海角」的海南省時，已快到新年了。

立秋前後，各種農作物生長旺盛，中稻開花結實，大豆結莢，玉米抽雄吐絲，棉花結鈴，甘薯薯塊迅速膨大，此間作物對水份需求殷切，乾旱會給收成造成難以補救的損失。雙季晚稻生長在氣溫由高到低的環境裏，必須把握當前溫度較高的有利時機，追肥耘田，加強管理。此時也是棉花保伏桃、抓秋桃的關鍵期，除了對長勢較差的田補施速效肥，打頂、整枝、去老葉、抹贅芽工作也要及時跟上，以減少爛鈴、落鈴，促進正常成熟吐絮。

公秋和母秋

《現代漢語方言大辭典》收有「公秋」、「母秋」的詞條。但何為「公秋」，何為「母秋」，說法多種多樣。其中有一種「晝夜說」。

晝夜說即白天立秋為「公秋」，夜晚立秋為「母秋」。白天屬陽，由太陽主宰；夜晚屬陰，由月亮（太陰）主宰。這是民俗中傳統的主流說法，合傳統陰陽五行之說。又有「瞎秋」、「亮秋」一條，謂白天立秋為「亮秋」，夜晚立秋為「瞎秋」。意為白天立秋較涼爽，夜晚立秋較炎熱。同時胡樸安在《中華全國風俗志》（一九三六年版）中有記載，民間以立秋時之朝夜占涼熱，俗云：「朝立秋涼颼颼，夜立秋熱烘烘。」

七月流火

「七月流火」聽起來像是形容夏天氣候炎熱，正如俗話說的「天熱得像下了火似的」。不過，這只是一種望文生義的解釋，七月流火實際上是說「七月裏火星流向下」，隱含着天氣將要轉涼的意思。「七月流火」出自《詩經》〈豳風．七月〉。七月指農曆七月，大致相當於陽曆的八九月，在古代被視為秋季的開始；「流」，指移動，落下；「火」指星名「大火星」（不是繞太陽運行的火星），即心宿，天蠍座的主星。大火星是一顆著名的紅巨星，能放出火紅色的光亮，每年農曆的五月黃昏，位於正南方，位置最高。農曆的七月黃昏，大火星的位置由中天逐漸西降，觀之便「知暑漸退而秋將至」。人們把這種天文現象稱作「七月流火」。

秋老虎

據《時訓解》言：「立秋之日涼風至」。立秋正值末伏前後，氣溫雖開始有所下降，但炎熱一時難以消除，節氣上雖已立秋，但從其氣候特點來看，立秋後短期內處於盛夏餘熱未消，秋陽肆虐階段，所以民間將這種立秋後短期回熱的天氣稱為「秋老虎」。秋老虎一般發生在八、九月之交，持續日數約七至十五天。形成秋老虎的原因是控制中國的西太平洋副熱帶高壓在秋季逐步南移，但又向北抬，在該高壓控制下使得天氣晴朗少雲，日射強烈，氣溫回升。這種回熱天氣歐洲稱之為「老婦夏」天氣，北美人稱之為「印第安夏」天氣。

節日風俗

織女七夕當渡河，使鵲為橋。

七夕

起源

農曆七月初七的夜晚，俗稱「七夕」，是中國民俗大節之一。民間傳說這是每年牛郎織女在天河相會的時刻。牛郎和織女的原型是天空中隔着銀河相望的兩顆星辰。以現在的觀點看，牛郎星屬於天鷹座，是天空中第十二亮星，織女星屬於天琴座，是天空中第五亮星。牛郎織女的故事，歷經了一個很長的發展階段，從原本的悲劇傳說逐漸演化為牛郎織女鵲橋相會的喜劇故事。東漢應劭的《風俗通》便有了「織女七夕當渡河，使鵲為橋」的記載。比較完整地敘述牛郎織女故事的，是梁代殷芸的《小說》。這個故事後來演繹得更加豐富、具體、生動、形象化，更成為中國民間四大愛情故事之一。

相傳織女是王母娘娘的孫女，她能用一種神奇的絲在織布機上織出層層疊疊的美麗雲彩。牛郎是一個自幼父母雙亡，跟隨哥嫂度日，聰明忠厚的小夥子。哥嫂對他十分刻薄，分家時只給他一頭老牛。一天，織女和幾個仙女到人間遊玩，牛郎在老牛的幫助下認識了織女，二人互生愛意。後來織女從天上偷偷來到人間，做了牛郎的妻子，並生了兩個孩子。王母娘娘知道這件事後，勃然大怒，親自下凡把織女帶回天庭，恩愛夫妻被強行拆散。牛郎在老牛的指點下，披上牛皮用扁擔擔了兩個孩子去追織女，眼見就要追到了，誰知王母娘娘拔下頭上的金簪一揮，一道波濤洶湧的天河出現在面前，牛郎和織女被隔在兩岸，只能相對而泣。最終二人忠貞的愛情感動了上蒼，王母娘娘只好同意他們每年七月七日相會。這天，會

七夕

有無數的喜鵲飛來，在銀河上為他們搭一座鵲橋，讓他們相會。後來，形成了七夕節。

七夕節的別稱

七夕節有很多別稱，它們都各有含義：穿針節，這天有穿七孔針乞巧的習俗，故名為「穿針節」；蘭夜，農曆七月古稱「蘭月」，故七夕又稱「蘭夜」；女節，七夕節以少女拜織女及乞巧、賽巧等為主要節俗活動，故稱「女節」，亦稱「女兒節」、「少女節」；巧夕，因七夕各地都有乞巧的風俗，故稱「巧夕」；雙七，七夕這天的月、日皆為七，故稱「雙七」，也稱「重七」；香日，俗傳七夕牛女相會，織女要梳妝打扮、塗脂抹粉，以至滿天飄香，故稱「香日」；小兒節，因為乞巧、乞文等習俗多由少女、小孩子為之，故稱「小兒節」；星期，牛郎織女二星所在的方位非常特別，一年才能相遇一次，故稱這一日為「星期」。

乞巧

乞巧是七夕節最為主要的習俗。乞巧指的是向織女乞求一雙巧手、巧藝——乞取智巧的意思，故七夕又稱「乞巧節」。傳說中織女心靈手巧，能織出雲彩般美麗的衣裳，令人間女子羨慕不已，於是在農曆七月七日這一天舉行種種乞巧活動。

昔日，有以「浮巧針」來乞巧的。人們以針在水中的形狀來卜巧，稱「浮巧針」。明劉侗、于奕正《帝京景物略》中就曾提到：「七月七日之午丟巧針。婦女曝盎水日中，傾之，水面生膜，繡針投之則浮，則看水底針影，有成雲物花頭鳥獸影者，有成鞋及剪刀水茄影者，謂乞得巧。其影粗如槌，細如絲，直如軸蠟，此拙徵矣。」意為如果針浮上水面後，倒影如花鳥雲霧或鞋子、剪刀，那麼就是得巧，過粗、過細或過直，則是拙的標誌。

也有以「蜘蛛結網」來乞巧的。據梁代宗懔《荊楚歲時記》記載：「七月七日是夕，人家婦女陳瓜果於庭中，以乞巧。有喜子網於瓜上，則以為符應。」喜子即蟰蛸，是蜘蛛的一種，俗信認為見喜子則有喜事，是一種吉兆。於是婦女便以蜘蛛是否在瓜果上結網，作為徵兆，如果蜘蛛結了網，就說明她得了巧。

紮巧娘娘

在陝西，七夕夜一眾女孩子用稻草紮成一個高一米多的巧姑，巧姑又名「巧娘娘」，象徵着織女。紮好巧娘娘之後，大家再給她穿上女孩子的綠襖、紅裙，然後讓她坐在庭院裏，在她面前供上瓜果，並端出事先種好的巧芽芽——豆芽、蔥芽，剪下一截，放入一碗清水中，芽兒浮在水面上，留下倒影，大家便通過月下的芽影來占卜巧拙。女孩子還會拿出準備好的針線，比賽穿針引線。此外，還有剪窗花比賽，看誰剪得最好、最漂亮。

曬衣曬書

七夕曬棉衣的風俗起源於漢代。據說漢朝建章的北邊有個叫太掖池的地方，池的西邊有漢武帝的曬衣閣，每年七夕節時常見到宮女在曬衣服。

魏晉時登樓曬衣服風俗演變成曬書的習俗。據說司馬懿因為權力太大而為魏武帝所猜忌，故裝瘋躺在家中，魏武帝派人去探查，正好是在七月七日，假瘋的司馬懿卻在家中曬書，派去的人回去稟告，魏武帝令司馬懿立刻回朝任職，否則就要拘捕他，司馬懿不得不回朝從命。由於當時的文人都講求虛名，往往用曬書來顯示自己的知識淵博，因此也形成曬書的風氣。

迎秋

和迎春、迎夏一樣，迎秋也是很古老的禮儀活動。古代，立秋前三日太史竭告天子某日為立秋日，於是天子先齋戒，到了立秋之日，天子親率三公、九卿、諸侯、大夫，到西郊九里之外迎秋，並舉行隆重的迎秋祭祀儀式。天子迎秋回朝後要犒賞軍士，因為秋季是選士勵兵的季節，也順應了天地肅殺之氣。孟秋之時已有穀物收成，天子嚐新穀前，先薦寢廟不忘四時祭社。到了宋朝，立秋這一天，宮廷會派人把盆栽的梧桐移入殿內，等立秋時辰一到，太史官便高聲奏到：「秋來了！」奏畢，梧桐樹應聲落下一兩片葉，以寓報秋之意。

吃秋桃

立秋日食秋桃是漢族民間歲時風俗的一種，流行於浙江杭州一帶。每逢立秋日，大人孩子都要吃秋桃，每人一個，然後將桃核留藏起來。等到除夕這天，把桃核丟進火爐中燒成灰燼，但不要讓別人知道，人們認為這樣就可以免除一年的瘟疫。《中華全國風俗志》中記載：「立秋日，人家咸備秋桃，分給家人大小，人食一枚。將桃核留藏，俟除夕時置火爐燒燼。唯須守秘密，勿為人知。謂來年倘有瘟疫發生，此法可免傳染。」

貼秋膘

貼秋膘，也叫「掄秋膘」或「補秋膘」，為漢族民間歲時風俗。此俗多流行於北京、河北及東北地區。指立秋這一天，普通老百姓家家吃燉肉，講究一點的人家吃白切肉、紅燜肉以及肉餡餃子、燉雞、燉鴨、紅燒魚，以此來彌補盛暑夏日體魄之消耗。這種習俗的來歷是，由於北方農村地區的生活水平比較低，又經過夏季的辛苦勞作，需要彌補勞動者身體的虧損，所以，到了立秋就要殺豬宰羊，做些營養豐富的菜肴，給那些壯勞力補補身子，也就是所謂的「貼秋膘」。

戴楸葉

立秋之日戴楸葉的習俗由來已久。北宋孟元老在《東京夢華錄》卷八形容立秋這天汴京人戴楸葉的情形說：「立秋日，滿街賣楸葉，婦女兒童輩，皆剪成花樣戴之。」南宋周密的《武林舊事》卷三記有「立秋日，都人戴楸葉、飲秋水、赤小豆」。吳自牧《夢粱錄》卷四有「立秋日，太史局委官吏於禁廷內，以梧桐樹植於殿下，俟交立秋時，太史官穿秉奏曰：『秋來』。其時梧葉應聲飛落一二片，以寓報秋意。都城內外，侵晨滿街叫賣楸葉，婦人女子及兒童輩爭買之，剪如花樣，插於鬢邊，以應時序」的記載。可見南宋人在立秋這天過節的情景，大致上與北宋相同。楸是大戟科落葉喬木，高可三丈餘，幹莖直聳，葉大，呈圓形或卵形，葉嫩時為紅色，葉老後只有葉柄是紅色的。據唐人陳藏器《本草拾遺》說，唐朝時立秋這天，長安城裏已賣楸葉，供婦女兒童剪花插戴了。由此可見，戴楸葉這個風俗已流傳久遠。

摸秋

摸秋就是在立秋之夜，人們結伴去私人或集體的瓜園中摸回各種瓜果。這種風俗在陝西農村以及安徽太湖、潛山、宿松西南部和江蘇北部等地區流傳很廣。丟了「秋」的人家，無論丟多少，也不計較。為避忌「偷」字，還起了個有詩意的詞叫「摸秋」。

有關摸秋流傳着這樣一個故事。元朝末年，淮河流域湧起一支農民起義軍，參加起義隊伍的將士均來自農民，他們飽受元軍的兵燹之苦，對兵擾深惡痛絕。這支隊伍紀律嚴明，所到之處秋毫不犯。一天，義軍轉移到淮河岸邊，深夜不便打擾百姓，便在曠野露天宿營。少數士兵飢餓難忍，便在田間摘瓜果充飢。此事被主帥發現，天明準備將他們按軍法治罪。村民得知後，紛紛向主帥求情，設法開脫士兵的過錯，有一位老人隨口說道：「八月摸秋偷。」於是，那幾個士兵被赦免。由於那天剛好是立秋日，「摸秋」的習俗便流傳了下來。

咬秋

咬秋是一種漢族民間歲時風俗，意思是炎炎盛夏難耐，忽逢立秋，就將其咬住不放。在北京，咬秋的習俗為立秋日早上吃甜瓜，晚上吃西瓜；江蘇各地立秋時吃西瓜咬秋，認為此舉可防止生秋痱子。在江蘇無錫、浙江湖州等地，立秋時吃西瓜、喝燒酒，認為如此可免瘧疾。天津則講究在立秋的那一刻吃西瓜或香瓜，據說這樣可免腹瀉。咬秋到上海變成了向親友鄰舍相互饋贈西瓜的習俗，通過互相品嚐，發現良種，交流栽種技術。

立秋慢跑有好處

研究顯示，慢跑能增強呼吸功能，增加肺活量，提高人體通氣和換氣能力；改善腦血液供應和腦細胞氧供應，減輕腦動脈硬化，使大腦能正常工作；有效刺激代謝，延緩身體機能老化；可以增加能量消耗，減少由不運動引起的肌肉萎縮及肥胖症，並使體內毒素等多餘物質隨汗水及尿液排出，有助減肥健美。適度的慢跑還可減輕心理負擔，保持良好的身心狀態。慢跑的時間以每天二十至三十分鐘為宜。

民間宜忌

今日立秋，百病俱休。

起居

立秋已是天高氣爽之時，在起居上，應開始「早臥早起，與雞俱興」。早臥以順應陽氣之收斂，早起為使肺氣得以舒展，且防收斂之太過，立秋乃初秋之季，暑熱未盡，雖有涼風時至，但天氣變化無常，即使在同一地區也會出現「一天有四季，十里不同天」的情況。因而穿衣不宜太多，否則會影響身體機能對氣候轉冷的適應能力，反而易受涼感冒。

民間禁忌

昔日，立秋之日忌在田間行走。否則，對秋收不利。識字人多用紅紙書「今日立秋，百病俱休」字樣貼壁上。立秋日還忌雷、雨、風。俗諺云立秋日「一雷波萬頃」、「雷打秋，晚禾折半收」、「秋甲子忌雨，雨則多澇」、「秋前北風秋後雨，秋後北風乾透底」等等。這些諺語，雖然說法不盡相同，但是均表示農家對立秋的重視和祈願風調雨順的心情。立秋日忌虹也是較為普遍的禁忌。在山東牟平、江西南昌、江蘇常熟等地，如果立秋後見到彩虹，預示糧食要減產。四川西昌以彩虹現於西方尤為不宜，有「為西十萬」的說法，即彩虹現於西方糧食將減收十萬斤。

處暑

陽曆八月二十三日前後

鷹乃祭鳥、天地始肅、禾乃登

農事氣象

一場秋雨一場寒，十場秋雨要穿棉。

太陽到達黃經一百五十度，為處暑。「處」是「止」的意思，處暑表示炎熱的暑天到此終止。雖然，處暑前後北京、太原、西安、成都和貴陽一線以東及以南的廣大地區和新疆塔里木盆地等地區日平均氣溫仍在攝氏二十度以上，仍處於夏季，但是這時冷空氣南下次數增多，氣溫下降逐漸明顯。

處暑三候

處暑三候指初候鷹乃祭鳥，由於各種作物進入成熟的季節，天上的飛鳥增多，便於老鷹捕捉，老鷹將捕到吃不完的鳥堆放在一起，如陳物而祭；二候天地始肅，孟秋之月，氣溫開始下降，大地有了涼氣，樹葉草木開始發黃脫落，天地間顯示了淒涼肅殺的氣氛；三候禾乃登，進入處暑，各種作物特別是水稻開始大面積成熟，農家隨之進入了割、打、曬、藏的收穫階段。

農事活動

處暑暑氣漸消，夏天隨之過去，只是早晚雖涼，中午還是炎熱的，晝夜溫差增大。此時平均氣溫攝氏二十四至二十五度，比立秋降低兩度左右。降水顯著減少，平均三十毫米左右，常出現秋旱，但也有個別年份降雨量達一百毫米以上。處暑前後，春山芋薯塊膨大，夏山芋開始結薯，夏玉米抽穗揚花，都需要充足水份，此時受旱對產量影響將十分嚴重。

黃淮及江南地區的早中稻正值成熟收割期，這時仍有連陰雨。對於正處於幼穗分化階段

處暑十八盆

盆是澡盆，所謂「十八盆」，意思就是處暑後還要洗十八個澡。因熱而流汗，所以每天都要洗澡，則「十八盆」，又表示處暑後還要熱十八天之意。十八盆後，中國大部分地區的氣溫會明顯地下降，降雨量也將進一步減少。真正的秋天，便開始了。

的單季晚稻來說，充沛的雨水顯得十分重要，遇有乾旱要及時灌溉，否則會導致穗小、空殼率高。除華南和西南地區外，大部分地區的雨季即將結束，尤其是華北、東北和西北地區必須加緊蓄水、保墒，以防秋種期間出現乾旱而延誤冬作物的播種期。

一場秋雨一場寒

諺語說：「一場秋雨一場寒，十場秋雨要穿棉。」到了秋天，在西伯利亞一帶，大陸內部氣壓逐漸加強，一股股冷空氣常常侵入東南地帶，和暖濕空氣相遇，形成了雲雨。冷空氣愈來愈多，形成雨的機會也就愈多，如果接連下了幾場雨，這即說明該地區已受冷空氣控制，因而地面溫度將漸降低，天氣也就一天比一天寒冷。另外，隨着季節轉變，北半球受太陽照射的時間逐漸減少，白晝漸短，黑夜漸長。白天受太陽照射的熱量也漸少，愈來愈不足以彌補黑夜的散失，連原來地面積蓄的熱量也逐漸減少，使得天氣一天比一天冷。

節日風俗

萬樹涼生霜氣清，中元月上九衢明。

中元節

起源

中國節令有所謂「三元」，即正月十五上元、七月十五中元和十月十五下元。按道家傳說，有個叫做陳子禱的人與龍王女兒結婚，分別在正月十五、七月十五、十月十五這三天生下了天官、地官、水官三子，此三官主管人間的賜福、赦罪、解厄三項任務。他們法力無邊，分別要在這三天到人間巡遊，檢查人們的道德品質，然後決定是賜福還是降罪。七月十五這天便是道家中的中元地官上天稟告人間善惡以定賞罰的日子，稱為「中元節」。但中元節並不僅僅是個獎善懲惡的節日，還是個赦罪節，一年中有罪過的人可以在中元節通過各種禮儀去檢討自己和請求天、地、人的寬恕。所以中元節又是中國節日中的懺悔節和贖罪節。

放河燈

放河燈是民間在中元節進行的一項重要活動。河燈也叫「荷花燈」，在底座上放燈盞或蠟燭，在中元夜放在江河湖海之中，任其漂浮。放河燈亦稱「放水燈」、「照冥」。放河燈是為了普渡落水鬼和其他孤魂野鬼。按傳統說法，水燈是為了給冤死鬼引路的。燈滅了，水燈也就完成了把冤魂引過奈何橋的任務。明代田汝成《西湖遊覽志餘》記載，中元節「放燈西湖及塔上、河中，謂之『照冥』」。清代龐塏的《長安雜興效竹枝體》一詩，更形象地描繪了中元夜兒童持荷葉燈結伴遊樂的情景：「萬樹涼生霜氣清，中元月上九衢明。小兒競把青荷葉，萬點銀花散夥城」。放燈時用一塊木板鑽孔，上面用竹篾編織各式各樣的燈籠，多數為蓮花燈。天黑後，人們到水邊或者放船到河中放燈，少則一兩盞，多則千百盞。燈中燃燭，擺在水面任其漂流。在東南沿海一帶，有的在燈中放置銀元，漁船爭相攫取，獲得者可以一年大順。

普渡亡魂

中元節又稱七月半，俗稱「鬼節」，這一天要普渡孤魂野鬼。普渡的形式有公普和私普兩種，公普又稱為「廟普」，一般在七月十五舉行，俗語又叫「拜七月半」，以各村莊的寺廟為中心，由寺廟方丈主持。私普就是以街、莊等居住單位為主的普渡。從農曆七月初一到三十，大家商議好時間輪流普渡。舉行普渡的當天下午，家家戶戶在門口擺上豐盛的飯菜以及其他的食物，俗稱「拜門口」。

搶孤

「搶孤」即指在普渡的廣場上搭起高丈餘的台子，上面放滿各式各樣的供品。普渡完畢，主持人一聲令下，大家就蜂擁而上搶奪供品。此活動由於沒有秩序易造成傷亡，清朝時即遭禁止。近年來台灣宜蘭縣再度舉辦此活動，仍沿襲舊制，在近四層樓高的棚子上放置十三盞食物和純金牌。參加的隊伍以每五人一組，每隊各舉一根柱子，待主辦者一聲令下，選手便向柱子上攀爬。由於遊戲有秩序，所以沒有出現混亂的場面，是一項值得提倡的民俗體育活動。

「搶孤」是怎麼來的呢？據說是七月普渡鬼魂群集，為了怕它們流連忘返，所以有人發明這種活動。據說當鬼魂看到一群比自己還要兇猛的搶奪祭品的人時，會被嚇得逃開。

盂蘭盆節

農曆七月十五日，是中國漢地佛教的盂蘭盆節。盂蘭是梵語，意為倒懸（苦難）；盆是漢語，是盛供品的器皿。盂蘭盆即是以竹竿搭成三腳架，高三五尺，上端有一盞燈籠，掛上紙錢、紙衣帽一塊焚燒的器皿，傳說這樣可以解救祖先倒懸之苦。盂蘭盆節源於一個佛教故事：釋迦牟尼的弟子目犍連見其死去的母親墮落到餓鬼道中受苦，卻不能救助，就請求佛來替他設法救母。佛說：「你母親罪孽深重，不是一個人的道力可以救助的，必須靠十方眾僧的

大士王
盂蘭

道力，才能救你母親脫離苦海。」目犍連請求佛指點怎樣才能匯集十方眾僧，來救他的母親，佛曰：「七月十五日是眾僧結夏安居修行結束之日，你應該在那一天敬設盛大的盂蘭盆供，以百味飲食供養十方眾僧，他們的神威道力會幫你救母。」目犍連依言而行，果然救了母親。後來他又問佛，將來佛弟子是否可通過盂蘭盆供救各人的父母親，佛予以肯定。後這個故事傳入漢地，立即為漢地文化所接受，成為漢地一個盛大的佛教節日。

民間宜忌

七月十五鬼亂竄，夜間切忌出門。

禁忌

處暑節氣正值農曆七月，由於七月跟死鬼和亡靈有着千絲萬縷的瓜葛，所以人們的禁忌很多。俗話說，「七月十五鬼亂竄」，人們認為閻王爺要在七月大開鬼門關，讓眾鬼外出地府到陽間遊走，入夜後在外行走就有與鬼相遇的危險，因而七月十五夜間切忌出門。

七月間不得下河游泳或進行各種水上運動，以防被水鬼拉走；還要避免搬家，婚宴也不能放在七月；不能開市、討債，免得落個發鬼財、收賬鬼之嫌；偶有小孩子生於七月半，做父母的一定會將其生日改為七月十四或十六，以避「與鬼俱來」之嫌；或有長者亡於七月半，家人往往會大不高興，說是長者不善長壽，死了還要「與鬼同去」。總之，「七月半」在迷信人的眼中是「草木皆鬼」的節日。但這些不科學的習俗，如今已逐漸淡化消失。

處暑正是處於由熱轉涼的交替時期，此時要遵從秋冬養陰、養肺、養收的大原則。同時要養護脾胃，因為人體經過整個炎暑夏日，熱積體內，因此需要注意調養好脾胃，以有利於體內夏季鬱積的濕熱排出。但此時不宜大補，否則會加重脾胃負擔，導致消化功能紊亂。另外，處暑前後早晚溫度低，白天氣溫高，人們還要注意隨天氣變化而增減衣服，當心受涼感冒。由於空氣乾燥，雨量減少，空氣中濕度減少，燥氣開始生成，人們也會感到皮膚、口鼻相對乾燥，所以應注意防秋燥。

白露

陽曆九月八日前後

鴻雁來、玄鳥歸、群鳥養羞

農事氣象

白露晴，有米無倉盛；白露雨，有穀無好米。

白露三候

太陽到達黃經一百六十五度，為白露。白露前後，氣溫一天比一天低，氣候逐漸轉涼，晝暖夜寒，易達到成露水的條件。因此時節露較多、較重，且呈白色，故稱「白露」。白露三候，第一候「鴻雁來」，是相對於雨水第二候的「候雁北」。意思是到了白露，北方的天氣漸冷，已不再適合大雁生活，它們便成群結隊向南方飛去。第二候「玄鳥歸」，也是對應於春分第一候的「玄鳥去」。玄鳥就是燕子，意思是燕子春來秋去。第三候「群鳥養羞」，是指群鳥都有豐富的食物，因而體健毛順以迎接寒冷季節的到來。

氣候變化

按照氣候規律來講，從白露這天起，太陽的直射位置南移，北半球的日照時間變短，日照強度減弱，夜間常晴朗少雲，地面輻射散熱快。這時，夏季風逐漸被涼爽的秋風所代替，多吹偏北風，南下的冷空氣活動頻繁，帶走了地面積蓄的大量熱氣，所以氣溫下降的速度逐漸加快。此時，華南地區的日平均氣溫會降到攝氏二十二度以下，全國普遍進入金秋季節，大部分地區呈現出一片秋高氣爽、雲淡風輕的美麗景象。

在降水量方面，白露後，中國大部分地區降水顯著減少。東北、華北地區九月份降水量會降到八月份的三分之一左右。黃淮流域有一半以上的年份會出現夏秋連旱，嚴重威脅到冬

八月雁門開

白露時節，候鳥如黃雀、椋鳥、樹鷚、柳鶯、繡眼、沙錐、麥雞、大雁等對氣候的變化相當敏感，於是它們集體向南方遷徙，為過冬做準備。這些候鳥大都選擇仲秋的月明風清之夜，好像是給人們發出信號——天氣變冷了，要趕緊收割莊稼，多添衣，迎接寒冷季節的到來。

小麥的適時播種。華南和西南地區卻常常會秋雨綿綿，平均每兩到三天就有一個雨日。四川盆地會迎來一年中雨水最多的時節，過多的秋雨對秋作物的正常成熟和收穫也十分不利。

白露農忙

防雨搶收

白露是搶收農作物的好時節。此時，全國各地的農民正在起早貪黑的割打曬藏。東北、華北地區開始收成穀子、大豆和高粱。種植棉花的地區，也進入全面分批採收的季節。要注意的是，如果遇上陰天下雨，地裏的莊稼就會陰霉腐爛，所以在搶收的同時還要做好防雨工作。

播種

此時也是播種的好時節：西北、東北地區的冬小麥開始播種。華北地區的秋種也即將開始，應該趕緊做好施肥、耕地、防治地下害蟲等準備工作。黃淮、江淮及以南地區的單季晚稻已揚花灌漿，雙季雙晚稻即將抽穗，都要及時淺水灌溉，以促進早熟。若遇上低溫陰雨，還要注意防治稻瘟病、菌核病等病害。另外，一些地方的秋茶下樹結束，可以整枝、修剪、採邊茶。

節日風俗

春茶苦，夏茶澀，要喝茶，秋白露。

祭祀禹王

禹王是傳說中的治水英雄大禹，與堯舜並稱「古聖王」。大禹心繫治水，克己奉公，三過家門而不入，所以民間稱他為「水路菩薩」或「河神」。

江蘇太湖有祭祀禹王的習俗。每年正月初八、清明、七月初七和白露時節，這裏會舉行祭禹王的香會，其中又以清明、白露兩祭的規模為最大，每次歷時一週。每年到了白露，人們就會趕廟會、打鑼鼓、跳舞蹈，舉行盛大的祭祀活動，來拜祭這位水路菩薩。

山西沿黃河一帶，也有祭祀禹王的習俗，且修建了許多河神廟。每到白露時節，這裏就會有戲曲、歌舞、馬戲表演、魔術等節目。廟會上還會開展各種地方小吃、土特產品、花鳥蟲魚、工藝美術、旅遊精品、書畫奇石展銷等經貿活動。人們在祭禹王的同時，還不忘祭土地神、花神、蠶花姑娘、門神、宅神、姜太公等，以祭拜諸神寄予美好願望。

鬥蟋蟀玩秋興

白露農閒之時，農人喜歡玩鬥蟋蟀的遊戲，稱為「秋興」。白露鬥蟋蟀從宋代就開始在民間廣為流傳，主要流行於王孫貴族之間。到明清時期，此風更甚，在有錢有閒階層中長盛不衰。直到現在，已成為平民百姓的一大娛樂活動，以北京最為盛行。

蟋蟀是「時令蟲」，立秋後大約一週，蟋蟀就開始孵化、成長、出土。進入白露後，便是捉蟋蟀、養蟋蟀、鬥蟋蟀的最佳季節。此時，人們成群結隊地到開闊的場地，拿出自己精心飼養的「精品蟋蟀」參鬥。觀眾也是興趣高昂，聚精會神地觀戰。挑蟋蟀很有講究，通常那些色光老成、頭大、面黑、項闊的蟋蟀最有戰鬥力。

天灸

在上海，白露這天，取露水和墨水抹到小兒的額間、背心，能夠祛除百病，當地人稱之為「天灸」。有孕婦的人家，這天清晨也會割苦草儲藏，為其煎湯，以保證順利生產。

從中醫學上講，天灸是一種外治療法，主要是通過藥物對穴位的刺激，使局部皮膚發紅充血，甚至起泡，從而達到激發經絡、調整氣血的效果。所以上海人會趁着白露這個好節氣，將調配好的藥物貼在身體的特定穴位，讓藥物持續刺激穴位，通經入絡，以此來溫經散寒，疏通經絡，活血通脈，調節臟腑功能以提高機體免疫力。

大清明和小清明

古人把農曆八月稱為「大清明」，三月稱為「小清明」。三月踏青舉行春禊活動，而八月辭青舉行秋禊活動。白露這天，男女老幼聚在一起，舉行祓除不祥的祭祀活動。祓就是祓除病氣，禊是修潔淨身，祓禊即除去凶疾的祭祀儀式。祓禊一般都在宗廟、社壇、水邊舉行，方式多樣，有的地方薰香沐浴，有的地方秉火求福，還有的地方用牲血抹身，以祛垢返潔。此外，還會舉行詩會和書畫節，以促進文化交流。有的地方還為此專門修建秋禊橋。

白露米酒

白露酒是用糯米、高粱等五穀釀成的，溫中含熱，略帶甜味，因其為白露時節所釀，所以叫做「白露米酒」。白露喝米酒是興寧、三都、蓼江一帶歷來的習俗。每年白露節一到，當地家家釀酒，是待客必喝的「土酒」。

白露米酒中的精品要數「程酒」，這是因為取程江水釀製而得名。程酒在古時候就是皇家貢酒，聲名遠揚。白露米酒的釀製很講究，除取水、選定節氣外，方法也相當獨特。以製程酒為例，首先得釀製白酒（俗稱「土燒」）與糯米糟酒，再按一比三的比例，將白酒倒入糟酒裏，然後入罈密封，埋到地下或者窖藏，等到十幾年後再取出來飲用。埋藏幾十年的程酒色呈褐紅，斟之現絲，易於入口，清香撲鼻，而且後勁十足。

昔日南京有些地方也有自釀白露米酒的習俗，直到二十世紀三四十年代，南京城的酒店裏還有零沽的白露米酒，後來才逐漸消失。此外在很早之前，蘇浙一帶的鄉下人家，每到白露時節也會家家釀酒，用以待客，還有人把白露米酒帶到城市去，賣酒賺錢，養家糊口。

白露茶

白露茶也叫秋茶，是按節氣所命名的茶。另外還有春茶、夏茶。春茶是指清明以前的茶葉，味苦但不澀，夏茶是立夏以後的茶葉，既苦又澀。白露時節氣候溫和，正是茶樹生長的好時期，所產的茶葉既不像春茶那樣鮮嫩，不經泡，也不像夏茶那樣乾澀味苦，而是有一種獨特甘醇的清香味，所以有「春茶苦，夏茶澀，要喝茶，秋白露。」的說法。以前的南京人就好這一口，所以每到這時候，一些老茶客就會聚在一起，細品香茗。

十樣白

浙江溫州等地白露時有採集十樣白的習俗。每年這天，蒼南、平陽等地的人們就會採集十樣白，用來煨烏雞或鴨子，據說食後可補身、祛風，能治療關節炎。十樣白就是十種帶「白」字的草藥，如白木槿、白毛苦等，主要是和白露在字面上對應。

番薯

白露這天吃番薯是文成縣的習俗。當地人認為當日吃了番薯，可以使全年吃番薯絲和番薯絲飯後，不會返胃酸。番薯的主要成份是澱粉，它含有大量的纖維、碳水化合物、無機鹽和維他命，可以代糧充飢。番薯可以炸、煎、烤、蒸、煮，還可以做番薯糖水（要加冰糖），能解酒。民間也有食番薯葉和莖的習俗。此外，番薯還有利於排便和減肥。脾虛的人也要多吃番薯。而且，番薯裏含有類似排卵劑的物質，所以民間認為吃番薯可以多生孩子。

民間宜忌

白露勿露身，早晚要叮嚀。

忌颱風下雨

白露正是收割、播種的好時節，如果遇上陰雨天氣，就會影響農業收成。所以有諺語說：「白露日落雨，到一處壞一處」、「處暑雨甜，白露雨苦」。農家認為白露的雨是苦雨，會使蔬菜變苦；收割的稻子沾上了白露的苦雨，也會生蟲而被蛀空。

忌赤膊露身

白露前後，天氣由熱轉涼。中午比較熱，早晚比較涼；白天比較熱，夜裏比較涼。所以有「白露勿露身，早晚要叮嚀」的說法，告誡人們白露時節天氣轉涼，不能袒胸露體，尤其是一早一晚要多添衣服，嚴防涼氣陰氣侵入體內。添衣服時，要一件一件慢慢地添。因為秋季適時的耐寒鍛煉，有助於冬季抗寒能力的提高。

忌赤腳鍛煉

白露時節，氣溫下降，地面寒氣加重。而很多人喜歡在外面運動，這樣腳底心就很容易遭到寒氣侵襲。所以這個季節，我們不僅不能赤腳，還應當穿襪子防寒。

忌後背着涼

中醫認為，人的後背上有風門二穴，一切風邪皆可從風門穴進入人體內，因此防禦風邪也應當從保護風門入手，應當特別注意不能讓後背着涼。平時適當按摩後背，有利於提高身體的抵抗力。

慎食秋瓜

民間有「秋瓜壞肚」的說法，所以這個時節應該慎食秋瓜以防腹瀉。此時的天氣逐漸轉涼，人的腸胃功能都會因氣候變化而變得敏感，如果還繼續生食大量的瓜果，就會更助濕邪，損傷脾陽，脾陽不振則不能運化水濕，引起腹瀉、下痢、便溏等急性腸道疾病。因此，白露時節應慎食瓜類，脾胃虛寒的人更應該忌食。

秋分

陽曆九月二十三日前後

雷始收聲、蟄蟲坯戶、水始涸

農事氣象

白露秋分夜，一夜冷一夜。

秋分三候

太陽到達黃經一百八十度，為秋分。秋分有兩個意思，一是秋季前後九十天，秋分恰居之中，從而將秋季平分為二；二是秋分當日，陽光幾乎直射赤道，晝夜時長幾乎相等，而且寒暑也相當，天氣必是不冷不熱。秋分過後，黑夜變長，天氣開始轉冷。

秋分有三候。初候「雷始收聲」，相對於春分的「雷乃發聲」而言。古人認為雷是因為陽氣盛而發聲，秋分後陰氣開始盛，所以雷聲收了。實質上是秋分後溫度下降，水份減少，沒有雨水，乾燥的空氣很難形成雷電，雷聲也就漸漸消失。二候「蟄蟲坯戶」，坯指細土，這句話表示秋分天氣漸寒，冬眠的昆蟲開始儲存食物，開挖洞穴，準備蟄伏過冬了。三候「水始涸」，涸是枯竭的意思。秋分後，溫度迅速下降，江河水位進入一年中的最低位。

氣候變化

秋分過後，太陽直射從赤道開始移向南半球，北半球地面上獲得的太陽熱量逐漸減少，南下的冷空氣與逐漸衰減的暖濕空氣相遇，地面散失的熱量卻較多，我國各地的氣溫下降的速度明顯加快，大部分地區已經進入涼爽的秋季。此時節降水次數雖然多起來，但是日降水量不是很大，暴雨和大雨的機會非常小。此時，全國大部分地區已呈現出一片涼風習習、碧空萬里、丹桂飄香、蟹肥菊黃的景象。

三秋大忙

秋分後，全國上下進入了秋收、秋耕、秋種的「三秋」大忙階段。秋忙時，華北地區播種冬小麥，江南地區播種水稻。南方的雙季晚稻正在抽穗揚花，是產量形成的關鍵時期，低溫陰雨會形成秋分寒天氣，嚴重威脅到水稻開花結果，必須認真做好防禦工作。

三秋大忙關鍵在於搶時。及時搶收秋收作物，可免受早霜凍和連陰雨的危害；適時早播冬作物，可爭取利用冬前的熱量資源，培育壯苗安全越冬，為來年豐產打下基礎；此外對已經收穫回來的莊稼要及時翻曬烘烤，確保每一粒糧食都完好無損地進倉保管。

節日風俗

但願人長久，千里共嬋娟。

中秋節

起源

農曆八月十五是傳統的中秋佳節。這一天是秋季的最中間，所以被稱為「中秋」。此時的月亮比其他任何時候的都圓、都明亮，所以又叫做「月夕」、「八月節」。這天晚上，遠在異鄉的人會抬頭望月，期盼和家人團聚，而在家的人會圍在一起吃飯賞月。所以，中秋節又稱「團圓節」。

中秋節的起源這裏有兩個說法。一是起源於古代帝王祭月的禮制。在古代，月亮在人們心中的地位僅次於太陽，被奉為神靈，成為重要的祭拜對象。早在春秋時期，帝王就已開

秋分無生田，不熟也得割。

秋分時節，大部分作物已經成熟了，而且隨着太陽直射位置的南移，地面所獲得的熱量逐漸減少，氣溫不斷下降。因此，廣大農民必須及時收割莊稼。要是不及時收割，會影響接下來的秋耕、秋種，給農業生產造成不必要的麻煩。

始祭月、拜月了，後來貴族官吏和文人學士也相繼仿效，再後來這種習俗就逐步傳到民間。晉代時，人們開始在中秋這天賞月。直到唐代，人們才把八月十五定為中秋節，成為固定節日。二是與農業生產有關，「秋」的字面意思是莊稼成熟。農曆八月正是農作物相繼成熟的季節。農民為了慶祝豐收，便把八月十五定為節日，每年這天，人們便舉行各種活動來慶祝，同時還祭祀土地神，來答謝他的保佑。八月十五又在仲秋之中，所以稱為「中秋節」。

月餅

月餅是吉祥、團圓的象徵。中秋佳節，闔家團聚，品餅賞月，已經成為中華民族的古老傳統。那麼，中秋節為甚麼要吃月餅呢？這要從唐高祖李淵說起。相傳當年李淵和群臣一起歡度中秋節，高興之極，手拿吐番商人獻給他的圓餅，指着天上的明月，大聲笑道：「應將圓餅邀蟾蜍。」隨即就把圓餅分給群臣，同嚐人間極品。到了元朝末年，高郵的張士誠在暗中串聯，利用中秋節互相饋贈麥餅的機會，在餅中夾帶字條傳遞消息，約定八月十五晚上舉行起義，結果大勝而歸。從此，每年這天，家家戶戶都吃麥餅慶祝勝利。到了清代，月餅的品種、質量都有了新發展。不僅餡精、味鮮、形美，餅面上還印有「嫦娥奔月」、「三潭印月」以及「福」、「祿」、「壽」、「喜」等圖案。現在月餅已因地區、用料、調味、形狀的差別，而發展出不同風格的品種。

會餅博狀元

在福建省廈門市，每年中秋節都有會餅博狀元的習俗。傳說這個習俗起源自明代，鄭成功在廈門建立根據地，訓練士兵，到了中秋，士兵非常想念家人。為了安慰背井離鄉的士兵，激勵他們，鄭成功的部將洪旭絞盡腦汁，終於想出了一個好辦法，那就是巧設中秋會

月餅
中秋月餅
燈籠
中秋食品

餅，讓士兵賞月吃餅，品茗談天。從此，這種習俗就在廈門各個地方流傳開來。

會餅博狀元有一定的講究。這餅共有六十三塊，隱含七九六六十三之數，因為三、六、九在中國都是吉祥數字。還設有文武狀元、榜眼、探花、進士、舉人、秀才等。另外備六個骰子和一隻碗，參與者每人輪流擲骰子，根據碗裏骰子的紅豆多寡，可以中狀元、榜眼、探花、進士、舉人、秀才。如果六骰相同，就能得到桌上全部的月餅。

走月亮

走月亮又稱「踏月」、「遊月」、「玩月」，流行於全國各地。每年中秋節，婦女就會乘着月色結伴而行，在街市或郊野阡陌來回遊玩；或者進出尼庵，擺設香案，望月展拜；或者三五成群地唱歌跳舞，彈琴吹奏，通宵達旦，無人阻止。即使是大家閨秀，也可以打破常規，盛裝出遊。有的姑娘會悄悄約上戀人，花前月下，談情說愛；有的則借出遊之機，尋求佳偶。而對於舊南京的人來說，走月還有一種特殊的意義，凡是沒生育的婦女去夫子廟時，要跨過一座橋，相傳跨完這座橋，回家後就能懷孕。所以中秋節很多沒有生育的婦女爭先恐後地跨過這座橋，場面甚是熱鬧。

守月華

守月華也叫「看月華」，是漢族民間習俗，流行於江蘇、浙江、湖北一帶。月華就是月亮周圍的光環，民間相傳，人們在中秋之夜仰望夜空，就能看到五彩祥雲簇擁着皎潔的圓月中劃出美麗的龍船和畫舫來，彷彿隱約可以見到八洞神仙和仙女載歌曼舞。於是人們開始拜月，等到拜完月神後，全家人團坐在桌旁賞月，等待月華的出現。俗謂看到月華的人會有好福氣。人們還常常用夜月的明暗占卜來年的天氣情況。

吃鴨子

秋季正是鴨子最肥壯的季節。鴨子本是涼性食品，具有滋陰養胃、利水消腫的作用，不但營養價值高，還能防秋燥。於是在中秋節，許多地方都有吃鴨子的習俗。在南京，此時正是桂花飄香的季節，所做的鴨子就稱為「桂花鴨」。此時的鴨子肥而不膩，吃一口，便會讓你回味無窮。

在四川川西地區，煙薰鴨子是中秋節的必備佳品。做煙薰鴨子有許多講究，如必須選用當年生的仔鴨；必須用稻草薰鴨；鹵水要用老鹵，鹵製時要用重物將鴨子充分壓入鹵水中，而且鹵製時間不宜過長，二十分鐘即可。

福建人在這天要吃檳榔芋燒鴨。他們常把鴨子和檳榔芋放在一起燒，味道極棒。在台灣，每到中秋節前後，美濃地區的客家人也會宰食水鴨公加菜，這是當地的一道特色菜。雲南的仫佬族鄉親在這天都要買餅、殺鴨，歡度佳節。以此來紀念那些敢於抵抗外來侵略，保衛家園的民族英雄。

燒塔

燒塔也叫「燒花塔」、「燒瓦子燈」、「燒瓦塔」。一般而言，燒塔所用的塔高一至三米，多用碎瓦片砌成。大的塔還要用磚塊做底，頂端留一個塔口，供投放燃料用。每年中秋節晚上，大人小孩聚集在塔的周圍，點燃木、竹、穀殼等各種燃料，火愈燒愈旺，人們就給塔上潑松香粉，引焰助威，場面相當壯觀。燒塔可以避邪，火焰象徵着人們的日子愈過愈紅火。

民間還有賽燒塔的傳統。中秋節，人們會搭建一個舞台，將彩旗、獎金或其他獎品擺放在桌上。主持人下令後，大家開始燒塔，誰燒得全座紅透就是勝利，不夠紅的或在燃燒過程倒塌的就是失敗，勝利的人由主持人發放獎品。

偷兒女

這是陝北吳堡的風俗習慣。每年的中秋之夜，家家戶戶都會擺瓜果賞月。無兒無女的人便外出偷拿別人家的紅棗、瓜果，認為這樣可以得子。這就是所謂的「偷兒女」。如果被主人家發現了也無傷大雅，人們多是付之一笑，並不以盜竊行為對待。

吃芋頭

中秋節，芋頭是個不可或缺的角色。南京人會在中秋節這天喝完酒後，吃芋頭蘸桂漿，美味可口回味無窮。此外，一些地方還用芋頭作祭祀的貢品。北方用來祭祀土地神，南方有的地區則用來紀念元末漢人殺韃子（元朝統治者）。據說，當初為了推翻元朝的暴力統治，民間爆發了一場農民起義。八月十五晚上，漢族人殺死韃子，將他的頭砍下來祭月，來慶祝起義勝利。後來每年中秋之夜，人們就用芋頭代替人頭來祭月，以紀念古代的英雄。

秋分祭月

中國有「春祭日，秋祭月」之說。秋分曾是傳統的「祭月節」。在古代，朝廷每年在秋分都有祭月的儀式，稱為「夕月」。夕就是黃昏，月亮在黃昏時出現，在黃昏時祭月，所以叫「夕月」。在秋分舉行祭月儀式是因為日代表陽、月代表陰，秋分後，陰氣漸重，世界歸月神主宰，故要向月亮祈福，以求月神保佑。

現在的中秋節就是從傳統祭月節衍變而來。最初祭月節定在秋分，但是秋分在農曆八月裏的日子都不同，不一定都有圓月。而祭月無月則大煞風景，會給人們帶來厄運。所以，人們就將祭月節由秋分調至中秋。

候南極

南極星也稱「老人星」或「南極仙翁」。因其在南極之上、近於南極而得名。由於中國在北半球，一年裏只有從秋分以後才能看到南極星，並且一閃即沒，到春分以後，更完全看不到了，因此人們把南極星的出現看做是祥瑞。在古代，秋分這天的清晨，皇帝要率領文武百官到城外南郊去迎接南極星的出現，稱為「候南極」。

秋社

秋分前後正是農作物收穫的季節。在傳統的農耕社會裏，土地對人們來說至關重要，所以每到秋分這一天，各家各戶都會祭祀土地神，感謝他的保佑，稱為「秋報」。此時舉行的各種祭祀和慶祝活動，稱之為「秋社」，而這一天也被稱為「社日」。

在古代，每逢社日，有錢的和當官的人家就會大宴賓朋，來答謝對自己有幫助的人，同時向親朋好友顯示自己的富裕家境。另外，朝廷及州縣的差官會祭社稷於壇，從遠古至清朝，這個官方慣例從未改變。對於老百姓來說，這一天人們會在自己家擺桌祭祀土地神，也會互相串門，將社飯、社糕、社酒等送給親戚朋友，以此來溝通感情。除了祭祀以外，人們還會安排一些馬戲表演、唱戲、舞蹈等活動，多姿多彩，熱鬧非常。

兔兒爺

嫦娥奔月，帶着兔子前往，自此兔子住進了月宮，老北京的人就將兔子視為吉祥物，稱之為「兔兒爺」。據資料記載，兔兒爺起源於明末，最早的兔兒爺都是用黃土捏成蟾兔的模樣，後來經過加工改造，形象愈加豐富起來，人們將各種人物、飛禽走獸的形象與兔兒結合起來，塑造出新型的兔兒爺來。中秋節，老北京的街道到處可見各種樣式的兔兒爺，個個造型奇特，美觀大方，讓人目不暇接，很多人會買回家去，用作祭祀或擺設陳列。也有很多人將其收藏起來，或者作為禮物饋贈給親友，兔兒爺不僅僅是一件民間小工藝品，更代表了一種文化現象。

民間宜忌

男不圓月，女不祭灶。

忌颱東風

秋分是搶收和播種的好時節，在華北平原，秋分忌諱颱東風，所以有「秋分東風來年旱」的說法。認為如果秋分這天颱東風，就會導致來年天氣乾旱，致使嚴重影響到莊稼的收成，甚至有可能造成顆粒無收的後果。在江淮地區，秋分這天最好下雨，認為若天晴便會發生旱情，故有「秋分天晴必久旱」的說法。在廣西壯族自治區也有同樣的忌諱，「秋分夜冷天氣旱」，希望秋分這天最好風和日麗，氣溫恆定。

忌電閃雷鳴

秋分這天還忌電閃雷鳴，諺語有云：「秋分只怕雷電閃，多來米價貴如何」。要是遇到電閃雷鳴，就會影響到莊稼的正常生長，所以要提前做好預防工作。

男不圓月，女不祭灶

「男不圓月，女不祭灶」是舊時的漢族中秋節的禁忌風俗，流行於全國各地，特別是廣東潮汕一帶。人們認為月亮屬於太陰，月神嫦娥是女性。所以只能由婦女（包括女孩）來拜月。而灶神是男性，理應由男人來祭拜。所以每年中秋節晚上，明月高掛，婦女便在院子裏、陽台上設案，桌上擺滿佳果和餅食作為祭品，然後對空祭拜。拜月是女人向月中仙子「乞巧」，祝禱婚姻幸福的舉動，男人當然不應參與其中；而祭灶則是男人的事情，體現了男人在家中的主人地位，女人也不宜參加。

陽曆十月九日前後

鴻雁來賓、雀入大水為蛤、菊有黃花

寒露

農事氣象

寒露無雨，百日無霜。

寒露三候

太陽到達黃經一百九十五度的位置，就是寒露。二十四節氣上說「露先白而後寒」，表示氣候逐漸變冷之意。初候「鴻雁來賓」，時至寒露，一種解釋說天空中仍有由北向南遷徙越冬的雁群。另一種解釋說「賓」是「濱」的意思，也就是水邊，寒露時，鴻雁都南下飛往江南的水濱。二候「雀入大水為蛤」，由於氣溫下降，雨量驟減，江河到了一年中的枯水季節，山雀飛入乾枯河道的卵石間跳來跳去地捕食，不細看還以為是蛤蟆。三候「菊有黃花」：黃色的菊花開始盛開。寒露的物候現象顯示，北方冷空氣已有一定勢力，中國大部分地區在冷高壓控制之下，氣溫下降了許多，從夜晚到早晨形成的露水更加地冰冷。

氣候變化

進入寒露，大部分地區天氣漸冷，氣溫漸低，地面的露水更多、更涼，故稱「寒露」，早晚溫差更為明顯，空氣乾燥，北方冷空氣初具勢力。秦嶺淮河一帶，氣溫將接近攝氏十度，首都北京初霜已降。除全年飛雪的青藏高原外，東北和新疆北部地區也已開始下雪。全國大部分地區雨季結束，晝暖夜涼，一派深秋景象。絕大部分地區雷暴均消失，只有雲南、四川和貴州局部地區還會聽到雷聲。華北地區將會乾旱少雨，給冬小麥的適時播種帶來不小的困難。

各地農事

寒露時節，田裏的甘薯會停止膨大，農民應根據天氣狀況爭取在早霜前收完。海南、西南地區仍然是秋雨連綿，有些年份江淮和江南也會出現陰雨天氣，對秋收秋種有一定程度的影響。江淮和江南的單季晚稻即將成熟，雙季晚稻正在灌漿，農民要注意間歇灌溉，保持田間濕潤，全力防禦寒露風對晚稻的危害。華北以及西北產棉區棉農要及時把棉花採摘完畢，否則會造成不必要的損失。

霜凍

在生長季節裏，夜晚土壤表面溫度或植物冠層附近的氣溫短時間內下降到攝氏零度以下，對植物造成危害，稱「霜凍」。

根據霜凍發生的季節，可分為早霜凍和晚霜凍。早霜凍發生在由溫暖季節向寒冷季節的過渡時期，在北方常常發生在秋季，也叫「秋霜凍」，對尚未成熟的秋收作物和未收穫的露地蔬菜危害大。秋季出現的第一次霜凍稱為「初霜凍」，初霜凍愈早對作物的危害愈大。晚霜凍發生在由寒冷季節向溫暖季節過渡的時期，在北方常發生在春季，危害春播作物的幼苗、越冬後返青的小麥和處於發芽期和花期的果樹，又叫做春霜凍；春季最後一次出現的霜凍稱為「終霜凍」，終霜凍發生得愈晚，植物的抗寒性就愈弱，霜凍危害也就愈大。

那麼，霜凍導致農作物受害的原理是甚麼呢？農作物內部都是由細胞組成的，作物內部細胞與細胞之間存在水份，當溫度降到攝氏零度以下時水份開始結冰，細胞就會受到壓縮，細胞內部的水份被迫向外滲透出，細胞失掉過多的水份，它內部原來的膠狀物就逐漸凝固起來，特別是在霜凍以後，氣溫又突然回升，則農作物滲出來的水份很快變成水汽散失掉，細胞失去的水份無法復原，農作物便會死去。

節日風俗

遙知兄弟登高處，遍插茱萸少一人。

重陽節

起源

九月九日，俗稱「重陽節」，又稱「登高節」、「重九節」、「九月九」、「菊花節」、「茱萸節」、「重九」、「女兒節」、「老人節」。重陽之說，源於《易經》：以陽爻為九。九為陽數，兩九相重，所以是重九。又因日月並陽，兩陽相重，所以是重陽。古代「九」有多之意。又與長久的「久」同音，因此九月初九被古人認為是一個值得特別慶祝的好日子，九月九日就被稱為「重陽節」。另外，也有以三月為小清明，重九為大清明之說，有些地方例如福建甫仙的人們會利用重陽登山時祭掃祖墓、紀念先人。

發展歷史

重陽節是一個歷史悠久而又意義深遠的節日，早在戰國時期就出現了重陽的叫法，屈原的《遠遊》詩中就有「集重陽入帝宮兮」的句子。洪興祖注解為：「積陽為天，天有九重，故曰重陽。」但這裏的重陽是指天空或蒼穹，而不是今日我們所說的重陽節。

到西漢時，重陽已開始有了節日的雛形。據《西京札記》記載：漢高祖劉邦的愛妾戚夫

老人節

在中國傳統觀念中，九九與「久久」同音，九在數字中又是最大數，有長久、長壽的含義，故而雙九也具有生命長久、健康長壽的意思。因此，從古至今，重陽敬老人之風綿延不絕。一九八九年，中國把每年的九月九日定為老人節，將傳統與現代巧妙地結合起來，重陽節稱為尊老、敬老、愛老、助老的老年人節日。

女兒節

有一些地方在重陽節有接已出嫁的女兒回家過節的習俗，故重陽節又稱「女兒節」。

人被呂后害死後，戚夫人的侍女賈佩蘭也被驅逐出宮，嫁給扶風人段儒，閒談時曾提到她在宮中時，每年九月九日佩茱萸，食蓬餌，飲菊花酒，以辟邪延壽。

晉代陶淵明在《九日閒居》一詩序文中也說：「餘閒居，愛重九之名。秋菊盈園，而持醪由，空服九華，寄懷於言。」這裏便提到了菊花和酒。

到唐代重陽被正式定為民間的節日。重陽在文人士大夫心目中是結社賦詩，登高望遠之日。明代時，九月重陽，皇宮上下要一起吃花糕慶賀，皇帝還會親自到萬歲山登高，一暢秋志，這個風俗一直流傳到清代。今天，一年一度的重陽節已成尊祖敬老之日，或也可稱「敬老節」。其意義依然源於「高」，年齡高，輩份高，而重陽糕也是歲歲常有的。

傳統習俗

登山

重陽節的風俗很多，主要有登高遠足、吃重陽糕、插茱萸、賞菊和飲菊花酒。此時正是金秋送爽，丹桂飄香，景色宜人的好季節。登高遠足，既可以陶冶情操，又有益於身體健康。

在古代民間重陽時就有登高的習俗，故重陽節又叫「登高節」。南朝梁人吳均《續齊諧記》記載了這樣一個故事：東漢時汝南子桓景拜仙人費長房為師。費長房曾對桓景說，某年九月九日有大災，家人縫囊盛茱萸繫於臂上，登山飲菊花酒，此禍可消。桓景到這一天照着做了，舉家登山，果然平安無事。晚上回到家中，卻發現雞犬牛羊全都死了。此後人們每到九月九日就登高、佩帶茱萸、飲菊花酒，以求免禍呈祥。

賞菊

賞菊自古以來便與文人雅士密切相關。屈原有詩云：「夕餐秋菊之落英」，三國魏文帝曹丕在給部下的一封信中談到「九月九日，草木遍苦，而菊芬然獨秀……」民間傳說重陽節賞菊始於東晉的陶淵明。陶淵明一生珍愛菊花，以菊為伴，是「菊迷」，被人封為「九月花神」。他性格耿直，不為五斗米折腰，棄官過田園生活，還專門開闢了大菊花園。每天從田園回來，他便到菊園澆水、培土、捉蟲，把自己大部分心血灌注在那些菊花上。每年到菊花盛開的日子，親朋戚友就來他家賞菊，他都熱情招待，他們走時，陶潛總把菊花送給他們。來客絡繹不絕，耽誤了陶淵明的田園耕作，他心想，要是菊花能全在一天內開，客人一天來，那該多好啊！後來，他伺候菊花時，常常自語道：「菊花如我心，九月九日開；客人知我意，重陽一日來。」說來也奇怪，到九月九日那天，含苞欲放的菊花真的就爭奇鬥豔地開了，客人也都在那天來了。親朋笑逐顏開，望着五彩繽紛、芬芳四溢的滿園菊花，吟詩作賦，都誇菊花有情，懂得陶公心。親朋好友相約，年年重陽這一日來賞菊，重陽賞菊之風便由此而形成，流傳至今。

插茱萸

重陽節又被稱為「茱萸節」，古代的重陽節，茱萸被賦予了特殊的意義。其具有潤肝降燥、溫中下氣、除濕解鬱的功效，據說還可以避免瘟疫。北魏賈思勰《齊民要術》中說，井上易於種茱萸，茱萸葉落入水井裏面，喝了此水的人就不會染瘟疫。於是，重陽古人有賞茱萸、採茱萸、佩茱萸和插茱萸的習俗。所謂佩茱萸，就是用紫色的布囊盛茱萸的莖、葉或籽，繫在手臂上。所謂插茱萸，即將茱萸插在鬢髮上。唐人杜甫在《九日寓藍田崔氏莊》中說：「明年此會知誰健，醉把茱萸仔細看。」

重陽

放紙鷂

放紙鷂是惠州過重陽節的主要習俗，也是主要活動。紙鷂就是現在的風箏。風箏是五代以後的稱謂，五代之前，北方習慣稱「紙鳶」，南方則多叫「鷂子」，惠州的紙鷂稱謂很明顯是保留了五代以前的古老名稱，且有南北混合的味道。

風箏始見於春秋時期，雛型均是鳥類。不過，當時沒有紙，只能用竹木製成。西漢時的風箏，也只不過是牛皮製的風箏，東漢蔡倫造紙術面世後，始有紙製風箏，出現了「紙鳶」和「鷂子」的稱謂。據有關記載風箏之名出現在五代，唐以後，風箏盛行，並定清明節為風箏節，宋以後在老百姓中間得到普及。從此以後，風箏的形狀已不局限於鵲、鳶、鷂等鳥類，增添了蟲、魚、人和神。明清以後，風箏製作的手工藝術已是十分精湛。

惠州民間的紙鷂，多為四方平面，帶一尾巴，其形狀與民間所貼門神、神位相似。在惠州民間，風箏製作極為簡單，採竹一支彎曲，一支直豎，撐住一張四方紙，貼上尾巴調好線，即可放飛。還有一種不帶尾巴，四方形狀紙張稍大，稱「阿婆鷂」，以放飛時平穩、安定而得名。除此之外，其他形狀的紙鷂也偶爾有之。

食俗

菊花酒

酒是中國傳統節慶必備之品，重陽節是九月九日，九九與「菊酒」諧音，所以要喝菊花酒。菊花酒，在古代被看做是重陽必飲、祛災祈福的吉祥酒。

據說，古時菊花酒，是頭年重陽節時專為第二年重陽節釀的。九月九日，採下初開的菊花和一點青翠的枝葉，摻和在準備釀酒的糧食中，然後釀酒，放至第二年九月九日飲用。

宋人李石在他的《續博物志》中介紹了菊花酒的製作方法：「菊花舒時並採莖葉，雜黍米釀之，至來年九月九日始熟就飲焉，故謂之菊花酒。」到了明清時期，菊花酒中又加入多種草藥，其效更佳。製作方法為：用甘菊花煎汁，用麯、米釀酒或加地黃、當歸、枸杞諸藥。從醫學角度看，菊花酒可以明目、治頭昏、降血壓，有減肥、瘦身、補肝氣、安腸胃、利血之妙。農曆九月正是菊花盛開之時，時逢佳節，清秋氣爽，窗前籬下，片片金黃。重陽節親友三五相邀，同飲菊酒，共賞黃花，確實別有一番情趣。

重陽糕

重陽糕又稱「發糕」、「花糕」、「五色糕」或「菊糕」，是重陽節的代表性食品。重陽糕是用發麵做成的糕點，製無定法，較為隨意，講究的做成九層寶塔狀，上面再做兩隻小羊，以合重九、重陽（羊）之俗。有的還在重陽糕上插一小紅紙旗，並點蠟燭燈，隱喻為茱萸。因為「糕」與「高」同音，古人堅信「百事皆高」的說法，所以在重陽節登高時吃糕，象徵步步高升。

當今的重陽糕，仍無固定品種，各地在重陽節吃的鬆軟糕類都稱之為「重陽糕」。重陽花糕有兩種來源，其一來自於史書記載，《南齊書》卷九說，劉裕纂晉之前，有一年在彭城過重陽，一時興起，便騎馬登上了項羽戲馬台。等他即位稱帝後，便規定每年九月九日為騎馬射箭、校閱軍隊的日期。據傳說，後來流行的重陽糕，就是當年發給士兵的乾糧。

另一種傳說則流傳於陝西附近。傳說明朝的狀元康海是陝西武功人，他參加八月中的鄉試以後，病倒在長安，八月下旨放榜後，報喜的報子兼程將此喜訊送到武功，但此時康海仍未到家。家裏沒人打發賞錢，報子就不肯走，一定要等到康海回來。等康海病好回家時，已是重陽節了。這時他才給報子賞錢，並蒸了一鍋糕給他回程作乾糧，打發了報子。又多蒸了一些糕分給左鄰右舍。因為這糕是用來慶祝康海中狀元，所以後來有學子的人家，也在重陽節蒸糕分發，討一個好兆頭。重陽節吃糕的習俗就這樣傳開了。

民間宜忌

禾怕寒露風，人怕老來窮。

忌露腳

「白露身不露，寒露腳不露」是一則保健知識諺語，它提醒大家白露一過，穿衣服就不能再赤膊露體；寒露一過，應注重足部保暖。因白露後氣候冷暖多變，特別是一早一晚，更添幾分涼意。如果這時候再赤膊露體，穿短褲，就容易受涼，以致誘發傷風感冒或導致舊病復發。體質虛弱、患有胃病或慢性肺部疾患的人更要做到早晚添衣，睡覺莫貪涼。「寒露腳不露」指寒露後要特別注重腳部保暖，切勿赤腳，以防寒從足生。由於人的雙腳離心臟最遠，因此血液供應較弱，而人腳脂肪層又薄，保溫性也差，一旦受涼，就會引起毛細血管收縮，從而使纖毛運動減弱，造成人體免疫力和抵抗力下降。因而在深秋和寒冷的冬季，要採取一定的禦寒措施，以預防寒氣的入侵。

衣、食、住、行

季節交替時，合理安排衣、食、住、行，盡量與氣候變化相適應，對身體健康是十分重要的。衣着方面：「一場秋雨一場涼」，不要常赤膊露身以免涼氣侵入體內，要隨着天氣轉涼

螃蟹

九月的雄蟹、十月的雌蟹肉厚黃多，味道鮮美，營養豐富。但中醫學認為螃蟹性寒味鹹，多食易積冷於腹內致病。因此，吃螃蟹時必須用辛溫的薑、蔥、醋等佐食，且一次吃螃蟹不宜過多。蟹肉含膽固醇量高，患有冠心病、高血壓、高血脂症的人，不宜多吃。膽囊炎、膽結石的患者，以不吃為妙。過敏體質的人，如患哮喘、喘息型支氣管炎及蕁麻疹者，脾胃虛寒、咳嗽、便溏者也不宜吃螃蟹。

逐漸增添衣服。俗話說「春捂秋凍」，適度經受寒冷有益於提高皮膚和鼻黏膜耐寒力，為安度冬季打好基礎。另外，秋季腹瀉多發，應注意腹部保暖。

飲食方面：秋高氣爽，食欲將驟增，要防止過量飲食，少吃生冷和辣性食物，多吃酸性熱飲及熱軟食物。不吃不潔食物，避免腸道傳染病。中秋之後天氣乾燥，易出現口渴、咽乾、皮膚乾燥等秋燥病，應多吃水果，常喝開水、豆漿、綠豆湯、牛奶等，以滿足身體的需求，提高抗燥能力。

住行方面：秋季宜早睡早起，保證充足睡眠，注意勞逸結合。深秋雖寒氣襲人，但是不要為了防止感冒，緊鎖門窗，而要適當通風，保持室內空氣新鮮，還可以在居室及其周圍種植綠葉花卉，既可淨化環境又能促進身體健康。另外，秋季適合到公園、湖濱、郊野進行適當的體育鍛煉以增強體質。

忌寒露風

有諺語說：「禾怕寒露風，人怕老來窮。」對於農民來說，寒露最忌颮風。寒露颮風，氣溫驟低，稻子的結實率降低，嚴重時可造成糧食失收。若在晚稻灌漿前期遇上明顯的低溫，也同樣會延緩或停止灌漿，造成秕粒。

柿子

柿子味甜可口，營養豐富。但因柿子含有較多的柿膽酚鞣酸和膽質，這些物質對人體有害。因此，一次吃柿子不宜過多，特別是空腹吃帶皮柿子不易消化，時間一長易引起胃結石甚至引起消化道出血和腸梗阻等病症。並且柿子忌與螃蟹、酒、白薯等同食。患缺鐵性貧血的人也不宜多吃柿子。

霜降

陽曆十月二十三日前後

豺乃祭獸、草木黃落、蟄蟲咸俯

農事氣象

氣肅而霜降，陰始凝也。

霜降三候

每年陽曆的十月二十三日前後，當太陽到達黃經二百一十度的位置時，就是霜降。霜降是二十四節氣中的第十八個節氣，也是秋季裏最後一個節氣。二十四節氣上解說：「氣肅而霜降，陰始凝也。」這時，雖然仍處於秋天，但已是「樹掃作一番黃」的晚秋景象。

霜降有三候，第一候是「豺乃祭獸」，豺是似狗的動物，它捕食野獸有先陳列後食用的習慣，似先祭獸。霜降的第二候是「草木黃落」，以生態學眼光來看，植物靠葉綠素和光合作用生長，春夏為生長季節，必須枝葉茂盛。秋天植物已長成，除常綠的植物以外，葉子枯黃掉落是必然的現象。霜降的第三候是「蟄蟲咸俯」，「咸俯」是垂頭不動的樣子，冬眠的小蟲在其洞穴中垂頭不動，當然也不食。它們感到天地間的陰氣，冬眠是它們守住體內陽氣的唯一辦法。

氣候變化

霜降天氣漸冷，開始降霜。秋季出現的第一次霜稱為「初霜」，初霜愈早對作物危害愈大。中國各地的初霜是自北向南、自高山向平原逐漸推延的。除全年有霜的地區外，最早見霜的是大興安嶺北部，一般八月底就可見霜；東北大部、內蒙古和北疆初霜多在九月份；十月初寒霜已出現在瀋陽、承德、榆林、昌都至拉薩一線；十一月初山東半島、鄭州、西安到滇西北已可見霜；東部北緯三十度左右漢水、雲南省，北緯二度左右的地區要到十二月初才開始見霜；而廈門、廣州到百色、思茅一帶見霜時已是新年過後的一月上旬了。

「霜降始霜」反映的是黃河流域的氣候特徵。就全年霜日而言，青藏高原上的一些地方即使在夏季也有霜雪，年霜日都在二百天以上，是中國霜日最多的地方。西藏東部、青海南部、祁連山區、川西高原、滇西北、天山、阿爾泰山區、北疆西部山區、東北及內蒙古東部等地年霜日都超過一百天，淮河、漢水以南、青藏高原東坡以東的廣大地區均在五十天以下，北緯二十五度以南和四川盆地只有十天左右，福州以南及兩廣沿海平均年霜日不到一天，而西雙版納、海南和台灣南部及南海諸島則是沒有霜降的地方。

農事活動

霜降時節，北方大部分地區已在秋收掃尾，俗語說「霜降不起蔥，愈長愈要空」，意思是說霜降到來，即使耐寒的蔥，也不能再長了。東北北部、內蒙古東部和西北大部平均氣溫已在攝氏零度以下，土壤凍結，冬作物停止生長。華北大豆收穫，晚麥宜選用春性品種下種，已出苗的要查苗補種。在南方，卻是「三秋」大忙季節，單季雜交稻、晚稻收割，種早茬麥，栽早茬油菜；摘棉花，拔除棉秸，耕翻整地。收穫以後，莊稼地裏的秸稈、根茬都要及時收回來，因為那裏潛藏着許多越冬蟲卵和病菌。華北地區大白菜即將收穫，要加強後期管理。霜降時節，中國大部分地區進入了乾季，要高度重視護林防火工作。霜降又是黃淮流域羊配種的好時候，母羊一般是秋冬發情，接受公羊交配的持續時間一般為三十小時左右。等羊羔落生時天氣暖和，青草鮮嫩，母羊營養好、乳水足，方可乳好羊羔。

節日風俗

十月朔日，剪紙為衣，具酒饌奠於祖，曰送寒衣。

祭祖節

十月初一，謂之「十月朝」，又稱「祭祖節」。中國自古以來就有新收時祭祀祖宗的習俗，以示孝敬、不忘本。古人多在十月初一祭祀祖先，有家祭，也有墓祭，南北方都是如此。如今江南的許多地區，還有十月初一祭新墳的習俗。

十月初一，也是冬天的第一天，此後天氣漸漸寒冷。人們怕在冥間的祖先靈魂缺衣寒冷，因此，祭祀時除了食物、香燭、紙錢等一般供物外，還有一種不可缺少的供物——冥衣。在祭祀時，人們把冥衣焚化給祖先，叫做「送寒衣」。因此，十月初一，又稱為「燒衣節」，亦稱「冥陰節」，它與春季的清明節、秋季的中元節，合稱為三大「鬼節」。

後來有的地方，燒寒衣習俗有了一些變遷，不再燒寒衣，而是燒包袱。不拘貧富均有燒包袱的舉動。是日，在祠堂或家宅正屋設供案，將包袱放於正中，前設水餃、糕點、水果等供品，燒香秉燭。全家依尊卑長幼行禮後，即可於門外焚化。焚化時，劃一大圈，按墳地方向留一缺口。在圈外燒三五張紙，謂之「打發外祟」。人們把許多冥紙封在一個紙袋之中，寫上接收者和送者的名字以及相應的稱呼，這就叫「包袱」。有寒衣之名，而無寒衣之實。人們認為冥間和陽間一樣，有錢就可以買到許多東西。

包袱皮

包袱亦作「包裹」，是指從陽世寄往陰間的郵包。過去，紙紮店有賣所謂「包袱皮」，即用白紙糊成的口袋。有兩種形式：一種是木刻板，在木板周圍印上梵文音譯的《往生咒》，中間印一蓮座牌位，用來寫上收錢亡人的名諱，既是郵包又是牌位。另一種是素包袱皮，不印任何圖案，中間只貼一藍簽，寫上亡人名諱即可，亦做主牌用。

起源

送寒衣這一習俗源於秦時孟姜女哭長城的傳說。據傳，孟姜女新婚燕爾，丈夫卻被捉去服役，修築長城。秋去冬來，孟姜女歷盡艱辛，千里迢迢，為丈夫送衣禦寒。不料丈夫卻屈死在工地上，還被埋於城牆之下。孟姜女悲痛欲絕，對天號啕大哭，感動了上天，哭倒了長城，找到了丈夫的屍體。而後，她用自己帶來的棉衣重新安葬丈夫。寒衣節由此產生了。

各地送寒衣習俗

老北京送寒衣習俗：諺語「十月一，送寒衣」。是說天氣漸冷，已死之人亦須穿衣。所以每年的十月初一，各家都會為死去的先人買寒衣。寒衣是一種彩色蠟花紙，粉紅色的印上白色圖案，白色的印上青蓮色的圖案，黃色的印上紅色的圖案，也有素色的，主要是象徵性的東西。一般都裁成布匹形狀的長條，也有的剪成衣褲狀，有的不剪，直接裝在包有紙錢、冥鈔的包裹裏焚化。

老南京的寒衣節習俗：是日，人們把各色彩紙糊成的冥衣，裝在一紅紙袋裏，上面寫着亡者的身份和姓名。十月初一當晚，把紙袋供在堂上祭奠一番，然後拿到門外焚化，以示對亡人的記掛，祈求賜福保佑，並把剛收穫的赤豆、糯米做成熱羹嚐新。

山西寒衣節習俗：晉南地區送寒衣時，講究在五色紙裏夾裹棉花，說是為亡者做棉衣、棉被使用。晉北地區送寒衣時，要將五色紙分別做成衣、帽、鞋、被等式樣，甚至還要製作一套紙房舍，瓦柱分明，門窗俱備。

陝西寒衣節習俗：送寒衣，農曆十月初一，陝西不少地方群眾用各色紙剪糊成衣服，黃

包袱冥錢

冥鈔是人間有了洋錢票之後仿製的，上書「天堂銀行」、「冥國銀行」、「地府陰曹銀行」等字樣，並有灃都城的圖案，多為巨額票面，背後印有《往生咒》；大燒紙，白紙，砸上四行圓錢，每行五枚；用紅筆印在黃表紙上的《往生咒》，成一圓錢狀，故又叫「往生錢」；用金銀箔摺成的元寶、錁子，有的還要用線穿成串，下邊綴一彩紙穗；假洋錢，用硬紙作心，外包銀箔，壓上與當時通行的銀元一樣的圖案。

昏時在祖先墳塋燒掉，謂之送寒衣。據民間傳說十月一日為孤魂會，人們在送寒衣時，除給祖先焚燒外，還要多燒給無主的孤魂，以免給親人送去的過冬衣物被他們搶去。陝南一些地方，是日祭祖不在墳地，而是在各家房前屋後的院落，路邊撒上灰圈。

豫西民間還有用紙剪衣服，給長眠在底下的親人燒紙的習俗。人們邊燒邊說：「立了冬，天氣寒，棉衣棉被棉被單。先輩亡靈都來領，暖暖和和過冬天。」

湖南土家族人習俗：「十月朔日，剪紙為衣，具酒饌奠於祖，曰送寒衣。」

民間送寒衣時，還講究在十字路口焚燒五色紙，象徵布帛類。用意是救濟無主的絕戶孤魂，凡送給死者的衣物、冥鈔諸物，都必須焚燒，只有燒得乾乾淨淨，這些陽世的紙張，才能轉化為陰曹地府的綢緞布匹、房屋衣襟及金銀銅錢。只要有一點沒有燒盡，就前功盡棄，亡人不能使用。所以十月初一燒寒衣，要特別認真細緻。

燒紙錢

蔡倫發明紙後，買賣很好。蔡倫的嫂子慧娘就讓丈夫蔡莫向蔡倫學習，之後自己就開了一家造紙廠，但蔡莫造的紙，質量差，賣不出去，二人甚是着急。後來，慧娘想了一個辦法，解決了這一難題。

一天半夜，慧娘假裝因急病而死。蔡莫傷心欲絕，在她的棺材前邊燒紙邊哭訴道：「我學造紙不用心，造的紙質量差賣不出，竟把你氣死了。我要把這紙燒成灰，以解心頭之恨。」他燒完一捆，又抱來一捆，燒了一會之後，只聽見慧娘在棺材裏喊：「把門打開，我回來了。」這一喊嚇呆了在場的人，人們把棺材打開，慧娘裝腔作勢地唱道：「陽間錢能行四海，陰間紙在做買賣。不是丈夫把紙燒，誰肯放我回家來？」慧娘唱了很多遍後說：「剛才我是鬼，現在我是人，大家不必害怕。我到了陰間，閻王就讓我推磨受苦，丈夫送了錢，就有許多小鬼幫我，真是有錢能使鬼推磨。三曹官也向我要錢，我把錢都送了他，他就開了地府後門，放我回來了。」蔡莫裝作糊塗：「我並沒有送錢給你啊？」慧娘說：「你燒的紙就是陰間的錢啊。」這樣一說，蔡莫又抱來幾捆紙，燒給他的父母。在場的人們一聽，便都向蔡莫買紙，慧娘慷慨地送了很多給鄉親。這事一傳十，十傳百，遠近的鄉親都來買紙，燒給死去的親人。不到兩天，積壓的紙被搶購一空。因為慧娘「還陽」那一天正是農曆十月初一，因此，後人都在十月初一祭祀祖先，上墳燒紙，以示對祖先的懷念。

牛王節

農曆的十月初一不僅是祭祖節，還是牛王節。相傳這一習俗起源於春秋秦國。某日，秦文公命人砍倒一棵梓樹，梓樹忽然化為一頭牛。秦文公令人追殺，牛一下跳入水中，再也沒有上來。人們就立怒特祠祭祀此牛神。怒特是高大健壯、威風凜凜的公牛。這樣的公牛，在人們的心目中，有着驅疫辟邪、保護牛類的功能。

居住在貴州仁懷、遵義一帶的仡佬族，又稱牛王節為「牛神節」、「敬牛王菩薩」或「祭牛王」。每年農曆十月初一，仡佬族人都會為牛做壽，酬謝耕牛對仡佬人民所作的貢獻。是日，殺雞備酒，點香燃燭燒紙錢，在牛圈門前敬牛王菩薩，祈願它保佑耕牛身軀健壯，無病無災。養牛的人家，到了這一天都要停止使役，讓牛在家休息，並把牛圈收拾得乾乾淨淨，墊上厚厚的軟草，用最好的牧草和飼料喂牛。同時，還要用上等糯米打兩個糍粑，分別掛在牛的兩隻角上，再把牛牽到水邊，讓它從水中照見自己的影子。然後取下糍粑，給牛吃掉，說這是替牛祝壽。在有的地方，還要放一串鞭炮，給牛披紅掛彩，表示祝賀。沒有養牛的人家，也要備酒、肉、香、燭、紙線，到自家的田邊祭祀牛王菩薩，祈求它保佑自己早日買上耕牛，或租借別人的耕牛時順順當當，牛乖乖聽使喚，耕起地來又快又好。

蘆笙節

蘆笙節又稱「九月蘆笙節」，是苗族傳統節日，流行於貴州黔東南地區。每年農曆九月二十七日舉行，為期兩至三天。節日期間，男子穿對襟或右大襟的短衣和長褲，頭纏青布巾，腰束大帶，手持蘆笙、嗩吶、銅鼓；姑娘則穿着繡有各色花紋、圖案的衣裙，頭纏青帕，腰束繡花彩帶，佩帶亮閃閃的銀飾，一起走向會場。男女老少圍成一個個圓圈，小夥子在圈內捧着長長短短的蘆笙邊吹邊跳，姑娘踏着笙歌的節奏翩翩起舞，開展各種文娛體育活動，慶祝豐收，也預祝一年風調雨順，這天也是男女青年擇偶的節日。

羌年節

羌族是中華民族大家庭中具有悠久歷史的民族之一，現主要聚居在四川阿壩州境內的茂縣、汶川、理縣以及松潘部分地區。羌年節是羌族傳統節日，又稱「小年」。每年農曆十月初一舉行，一般為三至五天，有的村寨要過到十月初十。按族規，必須當年全寨沒有成年人死亡才能過羌年，否則只能過春節，不過羌年。節日裏，家人團聚，各戶都用麵粉做成各種形狀的小雞、小羊、小牛等祭品，用以祭祖。有的村寨還把羊血灑到樹林裏，然後把羊肉分給各家各戶。各家再邀請親友鄰里到家，飲自釀的砸酒，邊飲邊唱歌。人們還在羌笛、小鑼、手鈴、嗩吶、羊皮鼓、胡琴、口弦等樂器伴奏下，跳鍋莊舞、蘭壽舞和皮鼓舞等。節日期間還開展推杆比賽等活動。

民間宜忌

霜降見霜，米爛陳倉；霜降未見霜，糶米人像霸王。

忌不見霜

一般來說，農民忌霜降日不見霜。農民以霜降日是否能見到霜，來預測未來一年的收成。有諺語說：「霜降見霜，米爛陳倉。霜降未見霜，糶米人像霸王。」意思是說，如果霜降當天見霜，就表示來年收成會很好，米太多了，以致在倉庫中堆着都快爛了；如果沒出現霜，農民就免不了為荒年發愁了，而糶米人即賣米的人會像個霸王一樣，胡亂抬高米價。雲南諺語說：「霜降無霜，碓頭沒糠。」霜降無霜，來年可能鬧飢荒。彝族還忌霜降日用牛犁田，他們認為這樣會導致草枯。

立冬

陽曆十一月七日前後

水始冰、地始凍、雉入大水為蜃

農事氣象

立，開始也，冬，終也，萬物收藏也。

冬季的開始

每年陽曆的十一月七日當太陽轉到黃經二百二十五度時，便已進入立冬了。古有「立冬之日，水始冰，地始凍」的說法，表示以立冬為冬季的開始，從此時起，世間萬物進入蟄伏、收藏的狀態，以待來春。立冬又稱「初冬」、「孟冬」、「天冬」或「上冬」。《月令七十二候》講：「立，開始也，冬，終也，萬物收藏也。」冬也有終止、終結的意思，表示人們勞作了一年，農作物收割完畢入倉收藏起來，由春種、夏長、秋收進入了冬藏的階段。

立冬三候

立冬三候，「初候水始冰」是指江河、溪流的水此時已漸漸結冰，有可見的小冰凌出現。根據現代氣象資料顯示，黃河中下游地區平均始結冰日在十一月十一日左右，這與立冬節氣的物候表示基本是一致的。「二候地始凍」，是指這時氣溫降到攝氏零度以下，土地表層開始凍結，並隨着溫度的下降而繼續加厚。「三候雉入大水為蜃」，據古籍記載，在這個冬季枯水季節，江河還未封凍時，野雞會飛入大河淺水間覓食鮮美的大蛤蜊。立冬的這三個物候現象表明，立冬時節天氣漸冷，降雨也漸漸減少，冬的氣息漸漸變濃，田裏的農活也開始減少了。

氣候特點

立冬時值陽曆十一月上半月，習慣上認為是冬季的開始。這個節氣多偏東北風，寒潮天氣增多，溫度迅速下降，平均氣溫在攝氏七至九度，比霜降低四至五度，最高氣溫在二十度左右，最低氣溫常能達到零下二至四度。此時，土壤開始凍結（夜凍日溶），水面開始結冰，常有晨霧出現，降水量平均約十毫米，個別年份在五十毫米以上，有些年份可始見雪。

農事活動

立冬後，中國大部分地區降雨量減少，東北大地已經封凍，農作物進入越冬期，而南方地區卻正處於三秋繁忙時期，平均在攝氏十二至十五度的氣溫正適宜移栽油菜。華南地區正處於熱火朝天的「立冬種麥正當時」，正在及時播種晚茬冬麥。對於生長在北方的冬小麥而言，由於此時的地表有夜凍晨消的特點，所以應注意保證供給作物充分的越冬水份，及時進行冬澆冬灌。另外，因立冬後期常常會有強冷空氣侵襲，有時氣溫降幅還可能較大，所以要及時播種，以免隨後到來的低氣溫而造成出苗緩慢、分蘗不足，致使影響產量。立冬時節除了要對冬小麥及油菜苗等進行查苗、補苗、中耕、追肥、培土等農田管理工作，促進幼苗生長發育以備越冬之外，也要做好果樹的整枝修剪、包捆保溫的工作，防止凍害的發生。

另外，中國民諺中有「立冬不拔菜，終究受霜害」的說法。打個比方來說，在日平均氣溫低於攝氏十五度時，紅薯的生長就已漸趨停止，此時需及時收穫歸倉。華南西北部要早挖窖，以避免可能出現的早霜。

十月小陽春

據徐光啟《農政全書》記載：「冬初和暖，謂之十月小春」。立冬時由於受到夏秋季儲存於地表的剩餘熱量的影響，還不會太冷，如果天氣持續晴好，還會有一段人們稱為「十月小陽春」的回暖期。但此時冷空氣畢竟已逐漸南侵，隨着日子的推進會反覆形成大風、降溫或雨雪天氣，這種時冷時暖，冷暖交替頻繁的天氣現象對農業生產和人們生活都存在不利影響，因此要多留心天氣變化，參考氣象預報，對農作物採取相應預防措施，不失時機地掌握生產環節，爭取季節的主動性。

此外，這個時節一般來說降水量不足，全國大部分地區都應做好農田水利建設，也要注意加強防火措施。高原地區這時更是風乾物燥，森林火災的高發期，所以必須得提高警惕。此時關中北部土壤凍結，黃河中下游地區及其以北地區開始結冰，也要注意預防凍害的發生。

節日風俗

夜漏未盡五刻，京都百官，皆衣皂，迎氣於黑郊。

迎冬

立冬在古代是個重要的節日，最早在周代就形成了隆重的慶祝禮制：「是月也，以立冬。先立冬三日，太史謁之天子，曰：『某日立冬，感德在水』，天子乃齋。」即是說在立冬前三日，太史公告訴天子立冬的日期，天子便開始沐浴齋戒，為迎冬祭祀大典做準備。到了立冬之日，「天子親率三公、九卿、諸侯、大夫，以迎冬於北郊」。（據《禮記・月令》載）即描述了皇帝要率領文武百官到北郊祭祀迎冬的盛大場面。《後漢書續禮儀志》也有類似記載：「立冬之日，夜漏未盡五刻，京都百官，皆衣皂，迎氣於黑郊。」在迎冬大典結束之後，天子還要分發賞賜給眾臣、撫恤孤寡、安撫社稷。而民間也有豐富多彩的迎冬祭拜活動。

立冬活動

燒香祭祖

立冬後，秋糧一入庫，就到了滿族八旗和漢軍八旗人家燒香祭祖的活躍季節。漢八旗的祭祀稱「燒旗香跳虎神」，滿八旗稱「燒葷香」。燒葷香一般要持續五至七天，在操辦祭祖燒香的頭三天，全家人一連十天吃齋，不沾葷腥。由此可見人們對此習俗的重視。

掃疥

上海人有在立冬時掃疥的舊俗。據明朝田汝成所著《西湖遊覽志餘．熙朝樂事》所載：「立冬日，以各式香草及菊花、金銀花煎湯沐浴，謂之掃疥。」因其時天冷不便洗澡，唯恐疥蟲、跳蚤大肆繁殖，所以人們會在立冬這天以菊花、金銀花、香草等有驅蟲健膚效果的中草藥煎製成沐浴香湯，用以擦洗全身，從而起到消除皮膚病菌、殺滅身上寄生蟲的作用。人們認為這樣可以預防皮膚病，整個冬天不得疥瘡。

立冬食俗

吃餃子

在中國北方，特別是北京、天津，人們愛以吃餃子來慶祝立冬。餃子有「交子之時」之意，而立冬是秋冬的交替之時，所以要在立冬吃餃子。這一傳統在北方已有上百年的歷史。中國「老天津衛」聚居地的人立冬一定要吃倭瓜餡餃子。（倭瓜又稱窩瓜、番瓜、飯瓜和北瓜，是北方常見的蔬菜）但因為立冬時市場上很難買到倭瓜，故做餃子餡的倭瓜是夏天特地買來儲存下來的，經長時間糖化，味道比夏天時更為鮮美，蘸蒜醋汁食用，別有風味。

立冬為甚麼要吃餃子？一說為：中國以農立國，極重視二十四節氣。「節」者，草木新的生長點也。立冬的「立」字，表示開始的意思。所以，秋收冬藏，是要改善生活，打一下牙祭的，於是，就選擇了「好吃不過餃子」。另外，古人認為瓜代表結實，如《禮記》中就有「食瓜亦祭先也」之說法。這大概就是「老天津衛」的立冬餃子是倭瓜餡的緣由吧。

入冬要進補

民間各地對立冬的叫法不一，有稱「入冬」、「補冬」、「養冬」等等。浙江地區將立冬稱為「養冬」，民間普遍有「入冬日補冬」的食俗，立冬是中國氣候寒來暑往的界線，立冬之前為深秋，立冬之後嚴寒將至。為了適應季節性氣候的變化，增強體質，人們應該多進補一些耐寒補氣的食物。所以，每逢這天，南北方人們都以不同的方式進補山珍海味，很多人家多會在這一天殺雞宰羊，合家享用豐盛肥美的菜肴，以攝取大量蛋白質和脂肪來增加熱量，抵禦即將到來的寒冬。民間流傳「立冬補冬，補嘴空」的諺語，就是說辛勤勞作了一年，人們要在立冬休息一下，全家共享豐富美食，犒賞一年來的辛苦，迎接冬天的到來。

在洞頭，立冬日要殺雞宰鴨給家人進補；也有吃豬蹄補身的，說是吃前蹄可補手，吃後蹄可補腳。在台灣基隆生活的人們稱立冬為「入冬」，當地的習俗為以雞鴨或者羊肉加當歸、八珍等補藥共燉；亦有人家將糯米、龍眼乾等加糖蒸成米糕作為立冬特色食品。這一天，台灣街頭的羊肉爐、薑母鴨等冬令進補餐廳裏也多是高朋滿座，許多家庭也會燉麻油雞、四物雞來補充能量。在中國南方，人們多以雞鴨魚肉為立冬進補的優選食材，閩南地區幾乎家家殺雞宰鴨，有的把西洋參、高麗參、黨參、川七等名貴中藥材與雞、鴨合燉，以增強其補益效果，出嫁的女兒也會在此時給父母送去雞鴨、豬蹄、豬肚等補養身體的禮品以表孝心。

傳統中醫理論也認為，漸漸轉為寒冷的氣候會影響人體的正常運行，使人體熱量散失過多。因此，冬天營養應以增加熱能為主。此時節應適當多吃瘦肉、雞蛋、魚類、乳類、豆類及富含碳水化合物和脂肪的食物。人參、鹿茸、狗肉、羊肉及雞鴨燉八珍等都是較為流行的補冬方式。有的中藥店還會應需推出十全大補湯以便人們購買。

醃菜

在古代民間，冬初有許多豐富多彩的活動，如祭拜地神，還有把新鮮蔬菜加以醃製以備冬日食用的習俗。在北宋孟元老的《東京夢華錄》裏就記載了汴京人在立冬時忙着醃菜的情景：「是月立冬，前五日，西御園進冬菜。京師地寒，冬月無蔬菜，上至宮禁，下及民間，一時收藏，以充一冬食用，於是車載馬馱，充塞道路。」《詩經．豳風．七月》裏還有這樣的內容：打掃空曬穀場之後，百姓捧着自釀的美酒，宰殺肥美的羔羊，大家一起來到公堂，雙手捧起牛角觥，齊祝公爺萬壽無疆！

潮汕食俗

潮汕諺語說：「立冬食蔗不會齒痛」。據說這天吃甘蔗可以保護牙齒，另外也有滋補身體的功效。有些汕頭市民在立冬日會吃用蓮子、蘑菇、板栗、蝦仁以及紅蘿蔔做成的香飯，謂之「炒香飯」。

江蘇食俗

立冬時節吃鹹肉菜飯則是江蘇蘇州的傳統風俗。當地人用霜打過的蘇州大青菜、家製鹹肉以及蘇州白米精製成又香又糯的鹹肉菜飯，具有濃郁的地域色彩。

北京食俗

據《京都風俗志》載：「立冬日，或有食蕎面等」，說明老北京人在立冬時還有吃蕎面的習俗。

頌牛節

每年立冬日，在雲南省西北山區會舉行頌牛節，這是流行於當地彝族支系黑活人的傳統節日。傳說天牛是在這一天下凡幫助人類勞作的，所以當地的人們年年此日會舉行紀念活動，感謝和歌頌牛的功勞。各家各戶要把耕牛全部趕到牛神崖前的草坪上集中參加活動。草坪上圍插十二根松杆，上邊掛滿用紅綢綴着的蕎子、燕麥、苞穀，中心放一大簸箕，內盛有用洋芋製成的黃牛和用蘿蔔製成的水牛模型，這些「牛」用蕎梗或玉米秸作腿，蕎粒或玉米粒作眼，麥穗尖作角，玉米纓作尾。簸箕四周放置各家送來的蕎餅、燕麥炒麵、玉米糕和切成寸段的燕麥秸，作為牛飼料。活動在一位老歌手帶領下開始，大家牽着掛紅綢的耕牛，繞簸箕踏歌而舞。歌唱耕牛的功勞，歌頌精心飼養耕牛者以及當年獲得好收成的人家。最後，按成績大小，老歌手把「牛」和飼料獎給牛的主人。飼料當場用來喂牛，「牛」則裝在用彩線編織而成的「牛轎」中。之後，大家趕着耕牛載歌載舞，遊村過寨。牛模型拿回去供在家堂，作為代代相傳的鎮宅之寶。

冬藏節

冬藏節是中國民間傳統節日，一般在秋收、立冬以後舉行，節俗主要是報謝農神、收藏糧食等。廣西《昭平縣誌》云：「十月二日、十日，俗稱『冬藏節』。收成完畢，家家各備物致祀，以報謝天地、山川、社稷、神祇。」

開齋節

開齋節是伊斯蘭教的三大節日之一。亦稱「大開齋」、「大節」、「大年」、「大聚」等，阿拉伯語音譯為「爾德．菲圖爾」。甘肅、青海、雲南等地的穆斯林稱「大爾德」，寧夏山區稱「小爾德」，新疆地區又稱「肉孜節」。伊斯蘭教曆規定，每年九月教徒需進行齋戒，稱「齋月」；十月一日開齋，為「開齋節」。伊斯蘭教經典記載，伊斯蘭教初創時，穆罕默德在齋月滿後，進行沐浴，然後身着潔淨的服裝，率穆斯林步行到郊外曠野舉行會禮，並散發「菲圖爾錢」（開齋捐）表示贖罪，後相沿成俗。節前，大家粉刷房屋，打掃院落，並把清真寺裝飾一新，同時準備節日食品。節日當天的早上，成年男子沐浴淨身，身着盛裝，或手持經香，聚集在清真寺或到荒郊舉行會禮，之後向阿訇道安，互相道安。會禮結束以後，阿訇率眾人遊墳掃墓，或各家祭掃。其後親友互相拜節，青年男女則有人選擇在此節結婚。此外，一些信仰伊斯蘭教的民族當天還有叼羊、賽馬、射箭等活動。

下元節

傳說大禹是道教的最高天神元始天尊在太虛極處採集天地靈氣所生。爾後大禹下界治理洪水，為萬民消災解厄，使天下百姓得以安居樂業。他的功德為萬世所頌揚，後因治理洪水有功，被元始天尊冊封為三官大帝中的水官，專司為人排憂解難、消災除厄之職。因為農曆十月十五是水官大禹的誕辰，也是水官考察民情，上報天庭，為人們解厄的日子，所以民間為紀念他的功德，便把這一天定為「下元節」，在此日舉行祭祀活動，祈求水官大帝的保佑，萬事能夠平安順遂。

據《中華全國風俗志》記載，農曆十月十五是下元節，又稱「下元日」，是道教的傳統節日。這一天，道觀要做道場，持齋誦經，民間也會祭祀亡靈，祈求下元水官排憂解難。另外古代，在這一天還有禁止屠宰的風俗，朝廷也規定在此日可延緩死刑的執行。

在台灣地區，下元節被稱作「三界公誕」，彰化俗稱「三界公生」，都會有一些相應的祭典儀式。

民間宜忌

立冬有雨一冬晴，立冬無雨一冬淋。

起居

立冬是一冬之始，萬物活動盡趨於休止，進入冬眠狀態，以備來春生發。此時注意不要擾動陽氣，破壞人體陰陽轉換的生理規律。所以進入冬季，睡眠也要隨着季節的轉變而改變，應早睡晚起。這樣有利於陽氣潛藏，陰精蓄積。

另外，北方冬季十分寒冷，所以人們常在室內安置爐火和供應暖氣，長時間生活在這樣的環境中，容易出現乾燥上火的症狀和呼吸道疾病。所以應該時常保持室內空氣濕潤。而且要經常通風。如果室內長期處於封閉狀態，會使二氧化碳的含量增加，超出人的正常需求，往往會使人頭疼，脈搏緩慢，血壓升高，更容易滋生細菌。立冬適宜多曬太陽，日光浴不僅使人體溫暖，促進血液循環和新陳代謝，還能增強人體對鈣和磷的吸收，對佝僂病、類風濕性關節炎、貧血患者恢復健康有一定的益處，還可以預防嬰兒軟骨病。但是也要注意不可曝曬過度，以免紫外線輻射過度造成皺紋或斑點等皮膚問題。

民間禁忌

民間忌立冬日吃生冷蘿蔔、水果，否則會損傷身體。在四川地區，立冬日忌陰雨喜晴，因為晴天可保牛馬不致凍傷。湖南興寧有諺語說：「立冬無雨一冬晴」，認為立冬日以晴朗為宜；四川廣安的說法卻與之相反，當地有諺語說：「立冬有雨一冬晴，立冬無雨一冬淋」。立冬日下雨預示着一整個冬天都會是晴朗宜人的好天氣，而立冬不下雨則代表了將要迎來一個多雨的冬天；而在河北昌黎、山東慶雲等地區，人們則忌諱立冬日颳東南風，當地民間認為這樣來年莊稼會歉收。

小雪

陽曆十一月二十二日前後

虹藏不見、天氣上升、閉塞而成冬

農事氣象

小雪氣寒而將雪矣，地寒未甚而雪未大也。

名稱由來

小雪包括兩層意思，一是氣溫下降，降水在空中凝結成雪花，是降雪的起始時間；二是天還沒有冷到極點，雪下得不是太大。關於小雪也有很多歷史記載，比如《群芳譜》中說：「小雪氣寒而將雪矣，地寒未甚而雪未大也。」這就是說，到小雪時由於天氣寒冷，降水形式由雨變為雪，但此時由於「地寒未甚」，故雪量還不大，所以稱為「小雪」。隨着冬季的到來，氣候漸冷，不僅地面上的露珠變成了霜，而且也使天空中的雨變成了雪花。但由於這時的天氣還不算太冷，所以降雪常常是半冰半融狀態。這個時候除了在地上及時融化的雪，由於天氣的影響還有雨雪同降的情況發生，有時還會出現白色冰粒的現象。

小雪三候

小雪三候為：「一候虹藏不見；二候天氣上升；三候閉塞而成冬」。彩虹是雨後空氣中含有水滴，並且經過太陽折射形成的天氣現象；此時雨季已經過去，自然就不會出現彩虹了。二候時，由於天空中的陽氣上升，地中的陰氣下降，所以萬物失去生機。三候時，天氣更加寒冷，大地冰封，家家只有關閉門戶躲避寒冷，顯示冬季是個閉藏的節氣。從小雪的三個物候現象顯示，小雪時節氣溫繼續下降，大地逐漸封凍，田間農事基本結束，農家要注意大牲口的越冬飼養，利用農閒時間和冬季枯水期，開展農田基本建設，為來年春天備耕做準備。

氣候特點

小雪是反映降水變化的節氣，《月令七十二候集解》云：「十月中，雨下而為寒所薄，故凝而為雪。小者未盛之辭。」這是說由農曆十月中旬開始，天空中降下來的雨水因受到寒氣而凝固成雪，但此時寒未深而雪量還不大。小雪後，溫度開始劇烈下降，平均氣溫三至四度，比前一個節氣下降三至五度，最高氣溫十至十二度，最低氣溫零下四至五度，極個別年份（如一九九三年）可達零下二十度左右。凍土深度最大可達六至八厘米，尚處在不穩定凍結階段，多數年份該時節期間仍可冬耕。降水量平均為六至八毫米，也有很多年份不足三毫米。

中國地域遼闊，同一時節各地氣候也有很大的差別。比如華南地區北面有秦嶺、大巴山屏障，將冷空氣阻擋在外，殺減了寒潮的威力，致使華南冬暖現象顯著。且全年降雪日數多在五天以下，這就明顯少於同緯度的長江中下游地區，由於華南冬季氣溫常保持在攝氏零度以上，所以積雪比降雪更困難。即使到了最寒冷的隆冬時節，也難得觀賞到「千樹萬樹梨花開」的迷人景色，然而寒冷的西北高原，常常在十月就開始降雪。高原西北部全年降雪日數可達六十天，一些高寒地區全年都有降雪的可能。據氣象記錄表明，北京、天津、濟南、鄭州、西安等地，初雪期均在十一月下旬，即小雪前後。然而，東北、內蒙古、新疆北部等地，在此前一個月就下雪了。長江以南地區，則通常在小雪後一個月才見初霜。

農事活動

小雪是秋去冬來的交替時節，自此開始將要漸漸進入冰雪封地天氣寒的嚴冬，在北方要打破以往「貓冬」的舊習，藉此冬閒時機搞好農副業生產，因地制宜進行冬季積肥、造肥、柳編和草編，從多種渠道開展致富門路。在南方，小雪節氣仍是秋收秋種的大忙季節，除收穫晚稻外，秋大豆、秋花生、晚甘薯也都要相繼收挖。小雪是小麥播種的關鍵時期，應在小雪後三五天播種完畢。因為這時氣溫尚高，日照充足，有利於出苗。播種時應施足基肥，如遭逢乾旱要及時灌水和中耕除草，對播種時未施基肥或基肥不足的，要及時追肥。小麥種完後，就要及時播種大麥，大麥的生育期比小麥短，遲播早熟，適應性廣，適宜多種。

節日風俗

二之日鑿冰衝衝，三之日納於凌陰。

薰製臘肉

小雪過後是加工臘肉的最佳時期。薰製臘肉的傳統不僅久遠，而且普遍。生活在陝南秦巴山區的人，每逢冬臘月，即小雪至立春前家家戶戶殺豬宰羊，除留下足夠過年用的鮮肉外，會將其餘的肉用食鹽配以一定比例的花椒、大茴、八角、桂皮、丁香等香料，醃入缸中。十五天後，用棕葉繩索串掛起來，滴乾水，進行加工。選用柏樹枝、甘蔗皮、椿樹皮或棠草火慢慢薰烤，然後掛起用煙火薰乾。或掛於燒柴火的灶頭上面，或吊於燒柴火的烤火爐上，利用煙火慢慢薰乾。秦巴山區林茂草豐，幾乎家家都燒柴草做飯或取暖，是薰製臘肉的有利條件。即使城裏人，雖不殺豬宰羊，但每到冬臘月，也要在市場上挑選上好的白條肉，或肥或瘦，買回家如法醃製。薰塊臘肉，品品臘味，是小雪時節的一大享受。如自家不燒柴火，也要託鄉下親友幫忙薰上幾塊。薰好的臘肉，表裏一致，煮熟切成片，透明發亮，色澤鮮豔，黃裏透紅，吃起來濃香滿口，肥而不膩，瘦而不柴，不僅風味獨特，營養豐富，而且具有開胃、去寒等功能。陝南臘肉色、香、味、形俱佳，且夏季蚊蠅不爬，經三伏而不變質，久放不壞，素有「一家煮肉百家香」的讚語，為小雪時的地方風味食品。

納冰

納冰又稱「窖冰」，為舊時傳統歲時風俗。由於北方夏日天氣炎熱，故有在冬季藏納冰塊以供來年夏天使用的習慣。此俗多行於宮廷、官府。古代有專門管理此事的官吏，並建有窖冰的冰井。從文獻可知，先秦已有此俗。《詩經．七月》：「二之日鑿冰衝衝，三之日納於凌陰。」「凌陰」就是後來的冰窖。河北《臨榆縣誌》：「是月（十一月），官取冰，納於凌陰，以備來年差務之需。」民國時仍有此俗。

醃寒菜

北方地區立冬前後開始醃藏寒菜，而位於華東的江浙一帶因冷得較晚，小雪來時才醃寒菜。清代厲惕齋《真州竹枝詞引》裏形容江蘇儀徵在小雪時醃寒菜的情景說：「小雪後，人家醃菜，曰『寒菜』。」除了醃寒菜外，儀徵人還把糯米炒熟儲存起來，好在寒冬時泡開水吃。除此之外，儀徵人還在小雪天裏釀酒。《清嘉錄》卷十說：「鄉田人家，以草藥釀酒，謂之冬釀酒。有秋露白、杜茅柴、靠壁清、竹葉青諸名。十月造者，名十月白，以白麵造麴，用泉水浸白米釀成者，名三白酒，其釀而未煮，旋即可飲者，名生泔酒。」

白雪節

白雪節，又稱「投雪箋」。維吾爾語稱「喀爾勒克節」。白雪節是維吾爾族在每年瑞雪初降時舉行的活動。在初雪之後的早晨，幾個朋友經過商量，聯名寫封雪禮信，信中首先以初雪的降臨祝賀收信人全家平安，然後要求收信人以白雪節的習慣舉行娛樂晚會，並提出晚會活動的內容，請其中一個人直接送至收信人家中。送信人要悄悄把信放在主人不易發現的地方。在送信人離開之前，如果主人沒有發現，就要按信上的要求舉行初雪晚會。如果送信人當場被捉住，初雪晚會就要在送信人家中舉行。這種遊戲多在小夥子間進行，不過姑娘也可以參加。人們開展這種遊戲是大家聚集在一起，祝福來年有一個豐收的年景，借第一場雪來表達自己快樂的心情。晚會內容包括誦詩、唱歌、跳舞、音樂演奏等。

民間宜忌

小雪大雪不見雪，小麥大麥粒要癟。

忌不下雪

農諺說「小雪不見雪，來年長工歇」，其意是如果到了小雪節氣還未下雪，那麼北方冬小麥可能缺水受旱，蟲害也易於越冬，以致影響小麥生長發育而欠產。故小雪時節農家忌諱天不下雪。這也從另一角度說明了「瑞雪兆豐年」的道理。

起居

小雪為十月的中下旬，天氣已開始轉冷，此時節天氣變化頻繁，時冷時熱，因此體質虛弱、中虛胃弱者或老年人、兒童易發生感冒。因此，小雪時節，老、幼及病弱的人群起居衣着要倍加小心，不要因熱而亂減衣服。特別是流感流行期間，應該暫停集會和集體娛樂活動，不到病人家串門。家中如有流感病人，病人用過的餐具、衣服、手帕、玩具等應消毒，病人住過的房間可以用醋薰蒸消毒。

防病小貼士

小雪時節，時常出現陰冷晦暗、光照不足的天氣，人的心情容易受到影響，易多發鬱悶、失眠、煩躁、悲觀、厭世等不良情緒。特別是已經患有抑鬱症的人更容易加重病情。為了避免不良情緒損害健康，大家不妨主動調節自己的心態，保持樂觀，節制喜怒，多在戶外活動以增強體質。除了精神調養，在小雪時節，還可以利用有寧神理氣、疏肝解鬱功效的食物，製成藥膳食用，來調節身體的不良狀況，維持人體健康平衡的正常狀況。

這個季節宜吃溫補性食物和益腎食品。溫補性食物有羊肉、牛肉、雞肉、狗肉、鹿茸等；益腎食品有腰果、黑木耳、黑芝麻、黑豆等等。還可以經常食用具有保護心腦血管功效的食品，如丹參、山楂、黑木耳、番茄、芹菜、紅心蘿蔔等。適當地吃些降血脂食品，如苦瓜、玉米、蕎麥、胡蘿蔔等。

大雪

陽曆十二月七日前後

鶡旦不鳴、虎始交、荔挺出

農事氣象

大雪紛紛是旱年，造塘修倉莫等閒。

大雪三候

大雪三候為：「一候鶡旦不鳴，二候虎始交，三候荔挺出」。鶡旦，是古籍中介紹的一種夜鳴求旦的鳥。亦名「寒號蟲」，因天氣極寒，也斂息屏聲，躲巢不出。二候虎始交，這個時節是老虎發情求偶，繁衍後代的時節。三候荔挺出，「荔挺」為一種蘭草名，形似蒲而小，根可製藥。在這千里冰封、萬里雪飄的嚴寒時節，這種細微的小草卻感到一絲陽氣的萌動，凌寒而生。

大雪的三個物候顯示，氣溫繼續下降，各種鳥兒噤聲避巢不出，以應對嚴酷的天氣，世間萬物在大雪的嚴寒之中潛藏生機，此時辛勞了一年的廣大農戶開始鬆弛下來，休養身心，進補營養，以促陽氣萌生。

氣候特點

大雪意味着降雪次數開始增多，雪量增大，且地面開始有積雪。天氣更加寒冷。大雪時節的平均氣溫一般在攝氏零度左右，最高氣溫七至九度，最低氣溫零下六至八度，個別年份能達到零下十六至十七度。土壤開始封凍，最大凍土深度十厘米，有些年份凍土淺，中午前後仍可耕地。降水稀少，平均二至三毫米。霧日之多，為全年之冠。據《三禮義宗》所載「大雪為節者，形於小雪為大雪。時雪轉甚，故以大雪名節。」

《月令七十二候集解》云：「十一月節，大者盛也。至此而雪盛也。」古籍《二十四節氣解》中亦有「大者已盛之辭，由小至大，亦有漸也」的說法。意思是說此時天氣更冷，降雪可能性比小雪時更大了。但大雪後各地降水量均進一步減少。東北、華北地區十二月平均降水量一般僅有幾毫米，西北地區則不到一毫米。按氣象學上的標準，下雪時，水平能見度小於五百米，二十四小時內的降雪量大於五毫米的雪稱為「大雪」。

大雪時已是隆冬氣候，中國大陸已完全被蒙古冷高壓所控制。冷空氣不斷南移，強冷空氣爆發南下，時常伴有大範圍的降雪天氣。大雪節氣以後，江南進入隆冬時節，各地氣溫顯著下降，常出現冰凍現象，「大雪冬至後，籃裝水不漏」就是這一時節的真實寫照。但也不盡然如此，有的年份氣溫較高，無凍結現象，這往往造成後期雨水多。

農事活動

大雪期間降溫幅度較大，南北方地域跨度大，因此南北各地呈現的氣候特徵各不相同。北方大部分地區平均氣溫已在攝氏零度以下，尤其是黃河中下游一帶河水封凍，開始出現積雪。而南方地區平均氣溫一般在八至九度之間。相應地，南北方農事生活習俗也不一樣。北方田間管理已很少，若下雪不及時，人們偶爾還在天氣稍轉暖時澆一兩次凍水，提高小麥越冬能力。或者修葺禽舍、牲畜圈牆等，助禽畜安全過冬。俗話說「大雪紛紛是旱年，造塘修倉莫等閒」。此時還要加緊冬日興修水道、積肥造肥、修倉、糧食入倉等事務。婦女則三五成群，紮堆做針線活。手藝之家則將精力用在手藝上，如印年畫、磨豆腐、編筐、編簍等賺錢補貼家用。

南方地區仍在加強小麥、油菜等作物的田間管理，劃鋤鬆土，增溫保墒，清溝排水、追施臘肥，做好作物的防凍禦寒工作。果農修剪果樹，加強果樹越冬管理。就南方地區而言也要開始注意牲畜的越冬保暖事務。

低溫的壞處

大雪過後，天氣愈來愈涼，中國北方開始出現大幅度降溫、降雪天氣，遼寧、新疆等地還會有暴風雪。雪可以保護農作物，可是也給人們帶來了不少麻煩。大雪的到來使溫度降低，人們易患感冒，並且積雪成冰，隨時可能滑倒受傷。還可能因此引發摔傷、凍傷、交通事故等。所以在大雪之後要注意防寒保暖，出行要注意安全。另外，下雪過後常會給畜牧業帶來許多麻煩，甚至造成很大的損失。在牧區，如大雪覆蓋草場未能及時處理，牛羊等家畜可能會因為低溫而凍死。

大雪飛，好攢肥

數九寒冬，大雪紛飛，地裏的農活較少，冬閒時間較多，此時正是積肥、攢肥的好時節。具體措施有堆積爛葉、枯枝、雜草等以漚肥，亦可趁此機會更換陳牆、舊炕以攢肥，還可以清理畜禽圈舍、清理垃圾等用以堆肥，更可以積極推廣實施沼氣工程，以綜合解決肥料和燃料問題。

節日風俗

寒風迎大雪，三九天氣暖。

戛湯節

戛湯節又稱「嘎湯帕節」，流行於雲南西雙版納傣族自治州景洪縣，為當地哈尼族民間祭祀節日，每年農曆十一月擇吉日進行，為期三天。在過節的三天裏，全寨人休息娛樂，停止農事活動。它是哈尼人最隆重最熱鬧的節日，相當於漢族一年一度的春節，蘊含緬懷祖先、送舊迎新之意。此時，穀子已歸倉，一年的農事生產基本結束。哈尼族為了慶賀豐收，祈求新一年風調雨順，獲得更大的豐收，要聚集在一起觀看自編自演的傳統節目，盪秋千，吃糯粑，相互祝福等，以隆重迎接新一年的到來。節日期間，首先由主持祭祀的「老開」宰殺一頭小豬或牛，口中唱着讚歌祭祀神樹。儀式完畢，再把剩下的肉平均分配到每家每戶。這時，寨子裏處處美酒飄香，男女老少穿紅着綠，又唱又跳。小夥子比賽打陀螺和射弩箭，姑娘邊唱邊舞，歡慶的氣氛使人陶醉。到了晚上，各家各戶要煮肉祭祀，敬獻祖先。

還娘娘願

還娘娘願又稱「還盤王願」或「還盤皇願」。為瑤族民間節日，流行於湖南省江華瑤族自治縣。當地瑤族群眾有供奉娘娘神的風俗，每年農曆十一月就要還娘娘願，此俗又稱「招兵」，意為娘娘招回兵馬，保護人丁大吉，六畜平安。還願須請師公到場做法事，並殺豬作祭品。

這個活動持續六天五夜，主要分為兩個階段：一是還家願（又稱「催春願」，「緣盆願」）又叫「陰事」；二是還盤皇願（也稱「招兵」）儀式，也叫「陽事」。內容由到壇請聖；掛起三盞明燈，傳接盤王宗祖；還招兵願；還歌堂良願幾部分組成。瑤族人民通過此次還盤王願活動，祭祀瑤族始祖，並還了他家祖宗對盤王許下的良願，主人全家來年各方面將順順利利，紅紅火火，收穫幸福良願。

祭牧神節

祭牧神節是納西族支系摩梭人自古流傳的祭祀節日，流傳於滇西北的瀘沽湖地區。每年農曆十一月十二日舉行。此時正處於大雪時節。是日早晨，村寨中各家都準備好豐盛的早餐，其中要煮一個豬心，作為在飯前特別祭獻給牧神的心意。這一天，平素負責放牧的人會受到家裏人的特殊禮遇，他們要特別更換新衣以示慶賀，主婦分食時要把最好的食物分給他們，並要多分一些。還把香腸、豬脷、豬蹄、米花糖、水果等放在一個大口袋裏，讓他們帶到牧場去吃，一般夠吃六、七天，以此慰問放牧人的辛勞。

米特爾節

米特爾節是鄂溫克和鄂倫春人的傳統節日，流行於內蒙古自治區陳巴爾虎族。米特爾是鄂倫春語音直譯。每年在農曆十一月十三日舉行，他們認為這一天是氣候變冷的轉折點，所以過節以表重視。這天牧工上工或交工。有羊群的人，把種羊歸入羊群，將過冬春食用的牛、羊宰殺後儲藏起來，並出賣一些大牲畜，宰牛殺羊，儲存冬季食用的凍肉和糧食。因為他們生活在大興安嶺一帶，冬季嚴寒，放牧與狩獵活動都極困難，所以要做好一切越冬的準備工作。

古人生活

南宋的周密在《武林舊事》卷三中有這樣一段話，描述了杭州城內的王室貴戚在大雪天裏堆雪山雪人的情形：「禁中賞雪，多禦明遠樓，後苑進大小雪獅兒，並以金鈴彩縷為飾，且作雪花、雪燈、雪山之類，及滴酥為花及諸事件，並以金盆盛進，以供賞玩。」

大雪時節白天短、夜間長，古時人們便利用這個特點，開設各種手工作坊，俗稱「夜作」。如手工的紡織業、縫紉業、紙紮業、刺繡業、染坊等。到了深夜，人們要吃夜餐。為了適應這種需求，各飲食店、小吃攤也紛紛開設夜市，直至五更才結束，生意十分興隆。達官貴人白日賞玩雪景，勞動人民開夜工吃「夜作飯」，便是古人在大雪時節的部分生活場景了。

民間宜忌

大雪兆豐年，無雪要遭殃。

忌無雪

雪對農作物有許多好處，嚴冬積雪覆蓋大地，可保持地面及作物周圍的溫度不會因寒流侵襲而降得很低，為冬作物創造了良好的越冬環境，起到保暖，提升地溫的作用；同時積雪待到來年春天融化，為農作物的生長提供充足的水份，可起到保墒、防止春旱的作用，有助於冬小麥返青；可凍死泥土中的病毒與病蟲；正由於有這些好處，所以在大雪時，忌諱無雪。「冬無雪，麥不結」、「大雪兆豐年，無雪要遭殃」，這是辛勤勞作的農民千百年來經驗的總結，也是對大雪作用的概括。並且，降雪時雪從大氣中吸收了大量的游離氮、液態氮、二氧化碳、塵埃和雜菌，這等於對污染的大氣進行了一次清洗。而且吸附在雪花中的含氮物質，隨着積雪的融化而滲入土壤，與土壤中的酸化合成鹽類，這便成了優質肥料。因而，雪是天然的環保衛士和天然的化肥，能提高農作物的質量和產量。

預防老人低溫症

冬季，如果老年人的體溫持續在攝氏三十五度以下，醫學上稱作「老人低溫症」。老年人容易在冬季罹患此病，是因為身體機能老化，體內產熱減少，身體機能衰減，不能敏感地察覺溫度降低對身體的影響，在與寒冷空氣的接觸中，皮膚血管反應遲鈍，不能很好地收縮，丟失的熱量也較多，因而不能使體溫保持在一般的水平上。

預防老人低溫症，首先要注意保暖，老人的居室溫度最好保持在二十度左右。睡眠時床上要採取保暖措施，如使用電熱毯、熱水袋等。其次，要多活動，如散步、打太極拳、做廣播操、種花、養鳥。第三，老年人冬季應多進食高熱量食物，但不宜多飲酒。如果體溫一直不能回升，應及時到醫院治療。

防病小貼士

大雪時節要注意根據天氣的變化增減衣服，注意保暖，尤其是腳和頭部的保暖。有數據表明，在四度的氣溫下不戴帽子，頭部在人體散失的熱量中可佔到百分之六十之多。另外，此時節應多吃羊肉、洋蔥、山藥、桂圓、香菜、生薑、辣椒、杏脯等溫熱食物，尤其是患有貧血、腸胃疾病或體質虛寒者。大雪時雖以靜養為宜，但也不應足不出戶，不要久坐、貪睡，過份靜養、只逸不勞則會出現動靜失調。應適時走出戶外加強體育鍛煉，呼吸新鮮空氣，以使身體強健，神清氣爽。

雪的奇妙藥效

據李時珍《本草綱目》中就說「臘雪甘冷無毒，解一切毒」。雪水能解毒，治瘟疫。民間有用雪水治療火燙傷、凍傷的單方。用雪水泡茶是時人的一件雅事，據說如果長期飲用潔淨的雪水，可益壽延年。此外經常用雪水洗澡，還能增強皮膚與身體的抵抗力，減少疾病，而且能促進血液循環，增強體質。

冬至

陽曆十二月二十一日前後
蚯蚓結、麋角解、水泉動

農事氣象
冬至陽生春又來。

冬至三候

古代黃河流域將冬至分為三候：「一候蚯蚓結；二候麋角解；三候水泉動」。初候，冬眠的蚯蚓因寒冷縮成一團，像繩打結的樣子。傳說蚯蚓是陰曲陽伸的生物，此時陽氣雖已生長，但陰氣仍然十分強盛，泥土中的蚯蚓仍然蜷縮着身體；二候，麋，即麋鹿，又叫四不像，每到這個時節，麋鹿的角就開始脫落。麋與鹿同科，卻陰陽不同，古人認為麋的角朝後生，所以為陰，而冬至一陽生，麋鹿敏銳地感知到陰氣漸退而解角；三候，雖然地表寒氣正盛，但深井中不時有熱氣冒出來，這是陽氣回升、大地復甦的徵兆。從冬至開始，陽氣就要回升了。由於陽氣初生，所以此時山中的泉水開始流動了。

氣候特點

據古籍載：「陰極之至，陽氣始生，日南至，日短之至，日影長之至，故曰『冬至』。」冬至一般在每年陽曆的十二月二十一日前後，太陽到達黃經二百七十度（冬至點）時開始。另據《月令七十二候集解》載：「十一月（農曆）中，終藏之氣，至此而極也。」自古便有「冬至陽生春又來」之說，說明在古代已經認識到此節氣的特殊性。

自冬至日後，白晝漸長，從此便進入「數九寒天」的時期。此時中國的平均氣溫在零下二至三度，多數年份的最高氣溫不足八度，最低氣溫在零下十五度至零下十二度，個別年份可達零下二十度。隨着氣溫的下降，凍土層逐漸增厚，一般能達到十五至二十厘米。冬至是一年中降水量最少的節氣，平均降水量僅有一毫米，多數年份無降水或僅有微量降水。

此時，中國西北高原平均氣溫在零度以下。南方地區只有七度左右。不過，某些低海拔河谷地區則是秋去春平，全年無冬。即使在當地最冷的一月上旬，平均氣溫仍然在十度以上。

冬至前，北半球日照時間最短，接收的太陽輻射最少，但地面積蓄的熱量尚未散盡，所以此時的溫度還不是最低。冬至以後，由於太陽輻射到地面的熱量比地面向空中散發的少，所以氣溫會繼續下降。冬至過後，進入「頭九」，這就標誌着各地最寒冷的階段就要來臨了。

農事活動

冬至後，雖進入了「數九寒天」，但中國地域遼闊，各地氣候差異較大。東北此時已是千里冰封，黃淮地區也成了銀裝素裹的世界，但此時大江南北的平均氣溫卻在五度以上，田裏的作物正生長旺盛，菜麥青青。華南沿海的平均氣溫則在十度以上，更是宛若春天般生機盎然。一般來說，冬至前後是興修水利、建設農田、積肥造肥的大好時機，同時，北方地區要注意做好防凍工作，江南地區應加強對冬作物的管理，要及時清溝排水，培土壅根，對尚未犁翻的板結土壤進行耕翻，以疏鬆土壤，增強蓄水保水能力。同時要做好消滅越冬害蟲的工作。已經開始春種的南部沿海地區，則需要做好水稻秧苗的防寒工作。總之，根據冬至氣溫低、霜凍多、降水少的氣候特點，這期間要着重做好越冬作物的田間管理工作。

冬至一陽生

「冬至一陽生」這句話典出《易復卦疏》，後成為眾人皆知的一句民諺。據《太平御覽》所載：「冬至有三義：一者陽極之至，二者陽氣之至，三者日行南至，故謂冬至。」這就意味着從冬至開始，白天漸長，日照長，雖然氣溫仍在下降，但大地已開始陽氣回升。

在冬至當天，白晝最短，黑夜最長，也就意味着陰氣到了極點，物極必反。反過來，就是陰氣竭，陽氣萌，所以古人稱「冬至為德」，是「陽氣始生」的吉日。漢代學者蔡邕在其《獨斷》中解釋說：「冬至，陽氣始動，麋鹿解角，故寢兵鼓。身欲寧，志欲靜，不聽事，送迎五日。」還說：「冬至，陽氣起，君道長，故賀；夏至，陰氣起，君道衰，故不賀。」足見古人是以冬至為陽氣開始生發的起點，便把冬至節視作一年中最能帶來好運的一天。其實這也與古代人的崇陽觀念有關。在早期農業和畜牧業階段，太陽對人的生產和生活都有着重要影響。所以才有「冬至一陽生」的說法。

冬九九

冬九九是相對夏九九而言的。在人們的習慣中，九九指的就是冬九九。我國傳統是從冬至開始「數九」，也就是從冬至日算起，每九天一個段落，代表寒冷程度的加深，冬至這一天為「一九」的頭一天，直到九九數盡，總共八十一天，寒冷才算結束。這八十一天時間叫做數九、九九、數九寒天。九九裏以三九天最為寒冷。中國民間有「冷在三九」的說法。民間流傳着不同版本的《九九歌》，最為熟悉的一種說法是：「一九二九不出手；三九四九冰上走；五九六九沿河看柳；七九河開；八九燕來；九九加一九，耕牛遍地走。」

冬天不喂牛，
春耕要發愁。

中國很多地區現在仍然用耕牛來進行耕耘播種等農事。由於冬季氣溫很低、潮濕陰冷，加上耕牛自身皮毛短小稀疏，皮下脂肪較薄，禦寒能力差。高寒地區常發生凍死凍傷耕牛的事件，所以備足過冬草料，保持牛舍乾燥清潔，防寒保暖，預防疾病，是畜牧業工作重點。只有管理好牛的健康，才能在來年春耕時藉助耕牛的力量耕田，這便是「冬天不喂牛，春耕要發愁」。

節日風俗

吃冬節，上冬天；吃清明，下苦坑。

冬至別稱

自古以來，人們從自然和文化兩方面出發，將冬至這一天用眾多的名稱加以詮釋，從冬至的眾多名稱中，引申出了中華民族豐富多彩的文化層面。

冬至又稱「長至節」，這個別稱是以自然現象為基礎的。自夏至以後，白晝愈來愈短，直到冬至這天達到極點，而後白晝逐漸變長，因此被稱為「長至節」。另一種說法是冬至這天是白晝最短的時間，所以又被稱為「短至節」。這是根據各個地區人們的觀念不同，而產生的不同名稱。此時太陽直射南回歸線，北半球白晝最短，故稱「日短至」。其後陽光直射位置北移，白晝漸長，稱「日長至」。

還有一種叫法，是從習俗的角度認識冬至的。冬至臨近年關，這時家家戶戶置辦過年時的雞、鴨、魚、肉等，準備迎接新年，飲食方面比較豐富，所以冬至又被稱為「肥冬」。此外，人們都歡歡喜喜過新年，還有「喜冬」之稱，顧名思義為歡喜的冬天。

此外，更為常見的就是「亞歲」這個名稱了。這是和年節相比較而產生的一個別稱。意思是說冬至是僅次於年節的一個節日，從這個名稱中也可以看出冬至在人們心中的位置之重。冬至又叫「大冬」、「正冬」。冬至前一天叫做「小至」或「小冬」，黃河流域也稱「冬除」、「冬住」或「冬除夜」，上海、江蘇稱「冬至夜」，江蘇連雲港稱「冬晚上」。冬至後一天，在山東叫做「至後」。

冬至的重要意義

冬至節亦稱「冬節」、「交冬」，又是漢族一個傳統的節日。古人將冬至看成陰陽二氣的自然轉化，是天賜之福。早在春秋戰國，就已備受重視。商周和秦代，將冬至看作是一年的歲首。漢代之後，確立冬至為冬節，官府有一套隆重的祝賀儀式，叫「賀冬」。《後漢書》稱，冬至前後「百官進行祭天大典」。從周代起，冬至就有很多隆重的祭祀活動。《周禮．春官．神仕》曰：「以冬日至，致天神人鬼。」目的在於祈求消除疫疾，減少人民的飢餓與死亡。據《後漢書．禮儀》載：「冬至前後，君子安身靜體，百官絕事。」還要挑選八能之士，鼓瑟吹笙，奏黃鐘之律，以示慶賀。唐宋時，冬至和歲首並重。南宋孟元老在《東京夢華錄》中有這樣的記載：「十一月冬至。京師最重此節，雖至貧者，一年之間，積累假借，至此日更易新衣，備辦飲食，享祀先祖。官放關撲，慶祝往來，一如年節。」

民間稱冬至日為「過小年」。古人認為到了冬至，雖然還處於寒冷季節，但春天已不遠了。這時外出的人都要回家過冬節，表示年終有所歸宿。閩台民間認為每年冬至是全家團聚的節日，因為要祭拜祖先，俗語說如果不回家，就是不認祖宗。昔日冬節學堂放假，商業歇市，漁家停網，織工停織，並做應時食品，人們相互宴請，饋贈禮物以祝賀此佳節。

殺年雞

古代，每年冬至家家戶戶都要殺一隻公雞，稱為「殺年雞」。這緣於一個有趣的傳說。相傳在殷朝末期，殷紂王專寵心若蛇蠍的美女妲己，兩人窮奢極欲，尋歡作樂，禍國殃民。妲己曾下令，命全國百姓都要捉毒蛇上繳朝廷，她還命人在王宮周圍挖了一圈陰陽河溝，把

冬除

冬除是民間對冬至節的前一天的另一種叫法。民間傳統以春節前一天為除夕，即年除；冬至節為僅次於年節的大節，故其前夜稱「冬除」，亦有轉首而成「冬仕」的。陳元靚《歲時廣記》引《歲時雜記》曰：「冬至既號亞歲，俗人遂以冬至前之夜為冬除，大率多仿歲除故事而差略焉。」《提要錄》謂之『二除夜』。」陝北地區的人們至今仍有過冬至節的傳統，在冬除日必定要吃一頓豐富的熱冬飯以誌慶賀。

冬至

收繳來的毒蛇全部放進溝裏，然後將忠臣或無辜的良民推進溝裏喂蛇。最終，老百姓忍無可忍，揭竿而起，推翻了紂王的暴虐統治。人們為了紀念助周滅紂，且因雞與妲己的「己」諧音，便在每年冬至這天殺一隻公雞作為祭品。後來這就成了一種既定的風俗。

各地食俗

中國人口眾多，地域遼闊，冬至應節食品各地不一，北方多吃餛飩、餃子，而江浙一帶則吃湯圓和麻糍。冬至節亦名「湯圓節」，冬至吃湯糰又叫吃「冬至團」。

吃冬節，上冬天；吃清明，下苦坑。

大意是此節氣後，氣溫繼續下降，農活也很少，到了農閒季節，可以歇一歇透口氣了。而到了清明節，氣溫開始回暖，草木漸漸萌生，農業生產也要開始進行了。春耕春種是農民最勞累的階段，所以稱之為「入苦坑」。

蘇州：冬至大如年

由於蘇州在二千五百年前是吳國的都城，吳國始祖泰伯、仲雍是周太王後裔，曾承襲周代曆法把冬至作為一年之初，所以至今古城蘇州仍有「冬至大如年」的遺俗，而每年冬至夜的傳統更是講究，延續着歷史淵源的吳地風情，形成了與其他城市不一樣的獨特風俗。

江南地區有個舊俗，冬至前一天要飲酒賀節，酒稱「分冬酒」。清朝錢大昕《竹枝詞和王鳳喈韻六十首》中有「令節分冬一醉休」之句，其自注云：「冬至節前一夕飲酒，謂之分冬酒。」而在蘇州，每年此時街頭巷尾到處都可以買到桂花香鬱、甘甜爽口的冬釀酒。這裏自古有句俗話，說冬至不喝冬釀酒是要凍一夜的。這一天，席間的必備點心還有各種餡料包成的糯米團，稱「冬至團」。到時候桌上擺好豐盛的團夜飯，全家聚食。有趣的是各類菜品都要應景換成吉祥雅名，如「元寶」（蛋餃）、「團圓」（肉圓）、「撲撲騰」（雞）、「金鏈條」（粉條）、「如意菜」（黃豆芽）、「吃有餘」（魚）等，處處滲透着姑蘇傳統節慶的喜氣和寓意。

「冬至進補，春天打虎。」這是廣泛流傳於吳地的民間俗語。蘇州人從冬至這天起也開始大補特補，形成秋後食羊肉的高峰期。羊肉無論燒、燉、煮、燜，都是美味可口、滋補身體的好食物。

另外，餛飩也是蘇州的冬至應節美食。據傳，春秋時吳王夫差沉迷於歌舞酒色，某年冬至設宴，嫌肉食肥膩，很不高興。西施就用麵粉和水擀成薄薄的皮子，內裹少許肉糜，滚水一氽之後，隨即撈起並加入湯汁，進獻於夫差。夫差食之讚不絕口，問為何物，西施信口答「混沌」，此後，為了紀念西施，蘇州人便把「混沌」定為冬至節的應景美食。餛飩這一美味也就逐漸傳至民間。

寧夏：喝「頭腦」

銀川冬至的習俗是吃羊肉粉湯餃子、喝粉湯。當地人將羊肉粉湯稱為「頭腦」。才過五更天，勤快的寧夏主婦就開始忙活起來了，她們要把松山上的紫蘑菇洗淨、熬湯，熬好後將蘑菇撈出；羊肉丁下鍋烹炒，水汽炒乾後放入薑、蔥、蒜、辣椒麵翻炒，入味後將切好的蘑菇加在肉丁上再炒一下，然後用醋醃製（以清除野蘑菇的毒味），再放入調和麵、精鹽、醬油；肉爛以後放木耳、金針（黃花菜）略炒，將清好的蘑菇湯加入，湯滾開後放進切好的粉塊、泡好的粉條，再加入韭黃、蒜苗、香菜，這樣就做好一鍋羊肉粉湯了。這鍋湯紅有辣椒，黃有黃花菜，綠有蒜苗、香菜，白有粉塊、粉條，黑有蘑菇、木耳，紅黃綠白黑五色俱全，香氣撲鼻，着實令人垂涎欲滴，食指大動。

粉湯餃子做好後要先盛一碗供起來，有些人家還會給素日親近的友鄰端上一碗。早餐除了吃餃子，還要去街上買吊爐三尖餅子、茴香餅子回來泡粉湯吃。這風味獨特、香辣可口的餃子，也算是銀川冬至的一種地方菜了。

餛飩的由來

關於餛飩的由來，民間還有一種說法：相傳漢朝時，北方匈奴經常騷擾邊疆，百姓不得安寧。當時匈奴部落中有渾氏和屯氏兩個首領，十分兇殘。百姓對其恨之入骨，於是用肉餡包成角兒，取「渾」與「屯」之音，呼作「餛飩」，恨以食之，並求平息戰亂，能過上太平日子。因最初製成餛飩是在冬至，後便有了冬至家家戶戶吃餛飩的風俗。

福建：冬至暝搓丸子

據《八閩通志．興化府風俗．冬至》載：「糯米為丸，是日早熟，而薦之於祖考。」這說的便是福建地區「冬至暝搓丸子」和冬至早晨用「甜丸子」祭祖的民俗了。

冬至前一夜，福建當地的方言叫「冬至暝」。這天傍晚，家家廳堂燈火通明，寓意事業輝煌。桌上放着堆成小山丘狀的紅柑，紅柑的最頂層插上「三春」（即民間剪紙者用紅紙剪成福祿壽的紙花）一支，用紅紙條封腰的筷子一副（十雙），生薑、板糖各一塊，一家人洗手、腳，家長點燭上香，放了鞭炮，開始「搓丸」。所搓的丸子為白色，如當年有新婚的，則搓紅色丸子，以示家中添丁，家道會更紅火。這時，婦女穿上紅衫，孩子眉開眼笑，嬉戲玩耍。大家圍坐在大簸箕（俗叫「大笠弧」）的四周，主婦把糯米碾成的粉（俗叫「米祭」）加入開水揉捏成圓形長條，摘成一大粒一大粒圓坯，然後用手掌將其搓成一粒粒如桂圓核大小的「丸子」，這就是「冬至暝搓丸」。有的捏元寶、聚寶盆；有的捏小狗、小豬，取「運氣好，狗仔銜元寶」及「做狗，做豬，做元寶」的俗諺，寓有「財源廣進、六畜興旺」的意思；有的搓成只有豆粒大小的「喜鵲丸」。「搓丸」畢，把「丸子」放在「大笠孤」之中，扣上蓋子，擺在「灶公」面前過夜。

冬至的夜最長，而孩子愛吃「丸子湯」，睡不着，天未亮，就吵着要吃「丸子湯」，故有「愛吃丸子湯，盼啊天未光」的童謠。主婦把「丸子」倒進鍋裏，和生薑、板糖、水一起煮成香甜的丸子湯，先祭祖，後全家人分而食之。此外，還要把「丸子」黏在門框之上，以祀「門丞戶尉」，保全家平安。另要將「喜鵲丸」丟在屋頂（平常年頭丟十二粒，閏年為十三粒，寓意全年月月平安），等喜鵲來爭食時，噪聲譁然，俗叫「報喜」，寓意五福臨門。

到了冬至清早，一家人帶着丸子、水果、香燭、紙錢等上山祭掃祖墓，寓慎終追遠之意。

潮汕：祭祖

冬至是潮汕地區民間的一個大節日，有「小年」之俗稱。潮汕各市縣冬至的習俗基本相同，都有祭祖先、吃甜丸、上墳掃墓的習俗。

在這一天，潮汕人家要備足豬肉、雞、魚等三牲和果品，上祠堂祭拜祖先，然後全家人圍桌共餐。一般都在中午前祭拜完畢，午餐家人團聚。但沿海地區如饒平之海山一帶，則在清晨祭祖，趕在漁民出海捕魚之前，意為請神明和祖先保佑漁民出海平安。

按潮汕習俗，每年一般在清明和冬至上墳掃墓，謂之「過春紙」和「過冬紙」。一般而言，人死後前三年都應行「過春紙」俗禮，三年後才可以行「過冬紙」。但大多數人喜歡行「過冬紙」，原因是清明時節經常下雨，道路難走；冬至天氣較好，便於上山野餐。

潮汕亦有相類似的「吃了冬節圓多一歲」的俗諺。《汕頭舊俗談》裏說：「一說冬至是小過年，過了小年也就應多加一歲了；一說此俗諺是出自古時，凡犯死罪的犯人一般都在秋季被處決，如果到冬至尚未處決，則循例可延至明年再處決，所以說『又多一歲』。」

台灣：食祖

台灣至今還保存着冬至用九層糕祭祖的古老傳統。人們用糯米粉捏成雞、鴨、龜、豬、牛、羊等象徵吉祥如意福祿壽的動物，然後用蒸籠分層蒸成，以此祭祖，以示不忘老祖宗。同姓同宗者於冬至或前後約定時間，集中到祖祠，照長幼之序，祭拜祖先，俗稱「祭祖」。祭典之後，還會大擺宴席，招待前來祭祖的宗親。大家開懷暢飲，相互聯絡久別生疏的感情，稱之為「食祖」。冬至祭祀祖先，在台灣世代相傳，以示不忘自己的「根」。

台灣冬至也有春米「搓丸子」的習俗。並且要做成紅、白兩種顏色。所以老輩人說：「不吃金丸（紅湯圓）、銀丸（白湯圓），不長一歲」。

紹興：冬舂米、冬釀酒、吃餛飩

冬至是紹興民間一年中的大節，在古代，人們一直把它當做另一個新年來過。《嘉泰會稽志》稱其節「大略如正旦而差簡」，而且諸多事情皆以冬至為起點。是日，民間必會家家團聚宴飲，一如除夕吃年夜飯之俗。

在紹興、新昌等縣，冬至這天人們會去墳頭加泥、除草、修基，以為此日動土大吉，否則可能會橫遭不測之禍。昔日，食米多用石碓、石臼舂米，紹興人愛在冬至日前後將一年所需的米預先舂好，謂之「冬舂米」。一來是因為過了冬至，再有一個月時間就着春了，家事將興，人人須忙於備耕，無暇再去舂米；二來因為春氣一動，米芽浮起，米粒便不如冬令時的堅實，冬舂米可避免米粒易碎而多粞，減少糧食的耗損。

在紹興人家中釀酒，一般都愛在冬至前下缸，稱為「冬釀酒」，釀成後香氣撲鼻，特別誘人，加之此時的水還屬冬水，所釀之酒易於保藏，不會變質。此時還可以用特種技法釀成「酒窩酒」、「蜜殷勤」以饗老人，或作禮品饋贈親友。

舊時越中，無論男子婦女，在冬至人人都要吃碗餛飩，此俗流傳已久。晚清紹興學者范寅在《越諺．飲食》中說餛飩「或芝麻糖或醢肉裏以麵粉，冬至時食」，可見古代紹興還有吃餛飩的習俗。

南陽：吃餃子

諺云：「十月一，冬至到，家家戶戶吃水餃。」在冬至這天，中國最普遍的食俗便是吃餃子了。河南人冬至吃餃子俗稱「捏凍耳朵」。相傳南陽有個醫聖張仲景，他曾在長沙做官，告老還鄉之時恰逢寒冬，大雪紛飛，寒風刺骨，他看見不少窮人的耳朵被凍爛了，心中難過，便於冬至在南陽關東搭起醫棚，盤起火灶，用羊肉、辣椒和驅寒藥材放置鍋裏煮熟，撈出來剁碎，用麵皮包成像耳朵的樣子，再放到鍋裏煮熟，做成一種叫「驅寒嬌耳湯」的藥物施捨給窮人。喝湯吃「嬌耳」後，鄉親的凍耳朵都治好了。後來，每到冬至，人們便模仿張仲景做「嬌耳」煮食，表示不忘醫聖張仲景「祛寒嬌耳湯」之恩。至今，南陽仍有「冬至不端餃子碗，凍掉耳朵沒人管」的民謠。冬至日吃餃子的習俗就這樣一代一代流傳下來了。

江南水鄉：赤豆飯與冬至肉

在江南水鄉部分地區，有冬至夜全家歡聚一堂共吃赤豆糯米飯的習俗。傳說有一位叫共工氏的人，他的兒子不成才，作惡多端，死於冬至這一天，死後變成疫鬼，繼續殘害百姓。但是這個疫鬼最怕赤豆，於是人們在冬至煮吃赤豆飯，用來驅避疫鬼，祛病防災。

吃冬至肉的習俗亦流行於南方，豬肉用醬燒熟，食之身強體壯。掃墓後，同姓宗族祠堂按人口分發冬至肉，稱「分胙肉」。

拜冬

拜冬又稱「賀冬」。宋代，人們每到冬至便更換新衣，慶賀往來。清代顧祿《清嘉錄》卷十一說：「至日為冬至朝。士大夫家，拜賀尊長又交相出謁。細民男女，亦必更鮮衣以相揖，謂之『拜冬』。」徐士宏《吳中竹枝詞》說：「相傳冬至大如年，賀節紛紛衣帽鮮，畢竟勾吳風俗美，家家幼少拜尊前。」辛亥革命後仍然保留了這個習俗。上海地區過去很重視冬至節。冬至前夕稱「冬至夜」，全家合聚歡筵，出嫁的女兒一定攜帶夫婿回娘家吃晚飯，品嚐新釀的甜白酒、花糕和粳粉圓子，然後在盤中壘上肉塊祭祖，有的人家還懸掛祖先遺像。晚飯後，小輩要向長輩拜禮。

履長節

冬至對長輩表示禮敬的習俗稱為「履長」。《太平御覽》引崔浩《婦儀》說：「近古婦人，常以冬至日上履襪於舅姑，踐長至之義也。」這是履長風俗最早的形式，表示為長輩添壽。獻履襪的風俗在魏晉時期尤其盛行，才高八斗的詩人曹植寫有《冬至獻襪頌表》，其中都是「迎福踐長」一類的語句。禮當敬先生，鞋襪奉公婆。

媳婦以新鞋、新襪敬公婆，也是陝北的一個冬至項目。陝北地氣寒冷，所以人所穿的鞋是一般的布暖鞋，千層底。古時沒有尼龍襪，媳婦多用土布做成夾層襪子。襪底、襪墊繡以吉祥圖案。還有送陝北手工作坊特產「氈窩子」的，多是媳婦用自己的私房錢買來，還要親自用黑緞條沿邊鑲口，把皮子剪成雲兒圖案，鑲於「氈窩子」頭，此一為結實，二寓登雲，三表示此物是媳婦親自過手的。向公婆敬獻鞋襪，意思是「助養元氣」，令公婆足下陽氣升騰，心理上寓其吉利，倫理上以示孝悌，此節俗有助於處理好婆媳關係。

隆師節

古代講究天、地、君、親、師，在中國倫理中，「一日為師，終生為父」，師長和親長幾乎具有等同的地位。隆師即拜師、敬師。陝北民間冬至節，舊時是敬先生的節日，可視為最早的「教師節」。這一天照例放假。村塾中學生和家長代表領上高年級學生，帶上各家籌備的雞、羊頭、白麵禮饃和柴火等趕往村塾中揖拜先生，謂之「追節」。此時學董、家長與先生寒暄，互道辛苦；學生則灑掃庭除、生火爐，表示清潔和溫暖。此風在陝西延長縣和黃陵縣最為盛行。

山西等地將冬至節又稱「豆腐節」。因當地冬至拜師用豆腐，《山西省虞鄉縣新志》說：「各村學校於是日拜獻先師，學生備豆腐來獻，獻畢群飲，俗呼為『豆腐節』。」這天，教書先生帶領學生拜孔子，然後由學董帶領學生拜先生，並牽頭宴請先生。在山東濰坊，家塾學生在冬至日清晨更換新衣，去拜老師。河北新河的鄉塾子弟還要攜帶酒肉拜謁。

在河南洛寧，家塾、私塾全部放假，祭祀孔子，中午設宴款待老師。在陝西某些地區，冬至日館東要帶領家長和學生，手端方盤，盤中放四碟菜、一壺酒、酒杯，到學校慰問老師，學生向老師叩頭請安，家長再和老師相互作揖問候。

宴飲學生

冬至這天也有老師設宴答謝學生的。在河北定興，「教授於家者，以此日宴飲弟子，答其終歲之儀，多食餛飩。」

拜聖

冬至，亦有「敬老節」、「尊師節」、「拜聖節」的別稱。拜聖是拜大成至聖先師孔子。冬至也是祭拜孔聖人的日子。河北《固安縣誌》記述：「冬至日，行祭先師禮，師生以次肅拜。」

昔日冬至日，書塾和學校師生祭祀先師孔子，稱作「拜聖」，主要流行於北方地區。有的也稱「拜聖壽」，因冬至如同過年，等於是增壽一年，要給孔聖人拜壽，舉行祭祀典禮。是日，祭孔行「釋菜禮」。所謂「釋菜」，是指以芹藻之類祭祀先師孔子，古時始入學者行「釋菜禮」。春秋二次祭孔則用「釋奠禮」，直到民國前仍有此俗，學校師生拜先師孔子，名曰「拜聖」。學生父兄則率子弟拜謝塾師。

祭天

古代，在冬至日當天，朝廷有舉行郊祀祭天典禮的習俗。在周朝時就有皇帝率文武百官到城外南郊迎冬祭天。此後，歷朝在冬至都有這種典禮，這是因為當時的許多自然現象人們無法解釋，於是就將其看成是天神在操縱，認為風霜雨雪、日蝕月蝕、水旱災害、紅雨、地震等異常現象，全是天神對人間的懲罰，所以人們想用祭祀天神的方法來擺脫這種災害。這也是君主為了維護自己的統治而進行的活動。

祭天儀式一般是在郊外舉行，因此又被稱為「郊祀」。明清兩代將祭祀的活動更加神聖化，朝廷於冬至這天在北京南郊天壇祭天。祭天前夕，皇帝移駕齋宮，進行沐浴。第二天在圜丘舉行祭天大禮，所用的牛、羊、豬、鹿是在犧牲所專門飼養的。清朝祭天的活動比先前更加隆重和繁瑣。皇帝祭天時，必須穿祭服，請神牌，太常寺堂官奏請行禮，此時典儀官要唱「燔柴迎帝神」。在東南燔柴爐升火，西南方懸望燈，樂隊齊鳴。清代諸皇帝每年都祭天，祈求天神保佑，國泰民安。

民初徐珂在《清稗類鈔．冬至郊天》中說：「每歲冬至，太常侍預先知照各衙門，皇上親詣圜丘，舉行郊天大祭。冬至前夕，御駕宿齋宮，午夜將事壇上帑幄皆藍色。執事者衣青衣，王公大臣服貂蟒。壇旁有天燈竿三，高十丈，燈高七尺，內可容人，以為夜間駿奔助祭者之準望。屆期，正陽門列肆懸燈彩，上辛常雩（雩，古代求雨的祭禮）亦如是。附近廟宇不准鳴鐘擂鼓，亦不准居民施放鞭炮，以昭敬慎。」當時宮廷冬至祭天的盛況由此可見一斑。

迎日

祭天的性質至高無上，除了天子之外其他人都沒有資格，但出於對天的敬畏和崇拜，民間在冬至還有一種類似的迎日風俗。就是通過對一種叫做日晷（其實就是一個簡易的日影儀）的東西觀察日影來預測來歲的豐饒。

冬至民間有貼繪「九九消寒圖」的習俗。消寒圖是記載進九以後天氣陰晴的，以卜來年豐歉。九九消寒圖的形式有格子消寒圖、文字消寒圖、梅花消寒圖、美人曉妝消寒圖等等，這些消寒圖的繪製方法是一樣的，只是在形式上有所區別而已。分成九九八十一個，每天劃去一個，九九八十一天之後消寒圖劃完，也就說明冬天已經過去，進入了溫暖的春天。

通常比較常見的九九消寒圖是一幅雙勾描紅書法，上有「庭前垂柳珍重待春風」九字，每字九劃，共八十一劃，從冬至開始每天按照筆劃順序填充一個筆劃，每過一九填充好一個字，直到九九之後春回大地，一幅九九消寒圖才算大功告成。填充每天的筆劃所用顏色根據當天的天氣決定，晴則為紅；陰則為藍；雨則為綠；風則為黃；落雪填白。此外，還有採用圖畫版的九九消寒圖，又稱作「雅圖」，是在白紙上繪製九枝寒梅，每枝九朵，一枝對應一九，一朵對應一天，每天根據天氣實況用特定的顏色填充一朵梅花。元朝楊允孚在《灤京雜詠》中記載：「試數窗間九九圖，餘寒消盡暖回初。梅花點遍無餘白，看到今朝是杏株。」

最雅致的九九消寒圖要數作九體對聯了。每聯九字，每字九劃，每天在上下聯各填一筆，如上聯寫有「春泉垂春柳春染春美」；下聯對以「秋院掛秋柿秋送秋香」，稱為「九九消寒迎春聯」。然而，不管哪種九九消寒圖，在消磨時日、娛樂身心的同時，也簡單記錄了氣象變化。據說有經驗的老人還能根據九九消寒圖，推測出這一年的雨水多寡和豐歉情況。

民間宜忌

冬至不過冬，揚場沒正風。

起居

冬天由於氣溫低，門窗緊閉，室內空氣易有灰塵、病菌、有害氣體，陽離子的濃度比室外多幾倍到幾十倍。人們在通風不良的房間裏生活，會感到頭昏腦脹，精神萎靡，甚至還可能患感冒等呼吸系統疾病。為了預防這些疾病的發生，冬季在室內要勤開窗通風，也要適量做些戶外活動以強健身體，提高抗病力。

養生貴在順四時而適寒暑。中醫養生學認為，天地、四時、萬物對人的生命活動都會有影響，要想在自然界中求得自身平衡，首先要適應自然規律，順應四時氣候變化，只有這樣才能益壽延年。

民間忌諱多

昔日民間在冬至這天忌諱甚多。比如不可摔壞東西，打碎盤碗；忌婦女不歸寧，出嫁婦女務必回夫家，不得在娘家過夜；忌說不吉利的話；忌吵架滋事，長輩會囑咐小孩不可哭，大人也不可打罵小孩，否則視為不吉利。

河南一帶忌冬至不吃餃子，否則會凍掉耳朵，且對農事不利。諺語說：「冬至不過冬（指不吃餃子），揚場沒正風。」湖北一帶忌無雨。諺語云：「立冬無雨看冬至，冬至無雨一冬晴。」意思是指冬至無雨預示天將大旱。

雲南浪穹忌屠宰，忌戴孝之人進家門。浙江杭州冬至前一晚清掃屋內外地面，稱「掃來年地」，冬至日則不能掃地。湖州的老人和小孩子要早睡，認為冬至這天晚上陰氣最重，而老人小孩陽氣不足，必須避開，否則不吉利。

小寒

陽曆一月五日前後

雁北鄉、鵲始巢、雉始雊

農事氣象

十二月節，月初寒尚小。

小寒三候

小寒中的三候，其物候反映分別是：「一候雁北鄉，二候鵲始巢，三候雉始雊。」「一候雁北鄉」，表明大雁在南方過冬的時間已經很長，開始思念家鄉，準備調頭朝北方的家鄉飛去，但是這時候還不會遷移到中國的最北方；「二候鵲始巢」，天氣寒冷，喜鵲也耐不住寒冷開始為過冬而築巢，為孕育後代做準備；「三候雉始雊」（雊，指雉雞的叫聲），到了三候，這是野雞發情繁衍的時節，雄雞開始穿行於落葉枯枝中，不停鳴叫尋偶。種種物候都表明天氣已到了最冷的時候，農事很少，要做好牲口的冬季飼養和越冬果園防凍等工作。

氣候特點

每年陽曆一月五日前後，太陽到達黃經二百八十五度時，交小寒節氣，此時平均氣溫零下三至五度，冷氣積久，天氣已寒而未達極點，故稱。從字面上看，小寒與大寒、小暑、大暑及處暑都是反映氣溫冷暖的節氣。據《月令．七十二候集解》載：「十二月節，月初寒尚小，故云。月半則大矣。」小寒的來臨，也意味着萬物開始活動起來。

小寒一到，大地原來積蓄的熱量已耗散到低值，中國大部分地區進入出門冰上走的「三九」嚴寒天。這時，北京的日平均氣溫一般在零下五度上下。東北北部地區日平均氣溫已在零下三十度左右，午後最高氣溫平均也不過零下二十度。黑龍江、內蒙古和新疆北緯四十五度以北的地區以及藏北高原，日平均氣溫在零下二十度上下，都是一派嚴冬的景象。而秦嶺、淮河一線日平均氣溫則在零度左右。而此線以南，沒有季節性的凍土，冬作物也沒有明顯的越冬期，山林間，田野裏仍是一片片綠意盎然，充滿生機，但亦時有冷空氣南下，可能對莊稼造成一定危害。小寒時節全國一般都處於溫度最低的時期。隆冬「三九」有大半天數處在本節氣內，平均五至七天有一次寒潮侵入，最低氣溫多在零下十五至二十度，凍土深度一般在三十至三十五厘米。降水稀少，平均二至三毫米，少數年份降雪多。因溫度低下，往往小麥、果樹、窖藏瓜菜及畜禽遭受凍害。素有小寒勝大寒之說，俗話說，「熱在三伏，冷在三九」，一般說的就是這個時節。

農事活動

小寒時節一個明顯的特徵就是中國大部分地區都颳西北風。此時中國經常受到西伯利亞寒流的影響，因而冬季氣溫波動較大。寒冷的冬季對農作物的危害也很大，此時氣溫較低，很有可能使農作物受到凍害，再加上冬季的農事活動較少。更應該注意農作物的防寒工作。在黃河地區，防止冬小麥受凍採取碾壓麥田的方式，除此之外還要為麥田增加稀糞，這時是農作物吸收養份的好時節；對果樹要適時地進行保護，比如一遇到低溫天氣就馬上進行包裹防凍措施；管好地瓜窖，嚴封窖口，窖溫保持在十三度左右，儲藏在地窖中的瓜果蔬菜也要經常觀察翻動以免凍壞或因空氣不流通而腐爛；高山茶園，特別是西北向易受寒風侵襲的茶園，要以稻草、雜草或塑料薄膜覆蓋篷面，以防止風抽而引起枯梢和沙暴對葉片的直接危害；雪後，應及早搖落果樹枝條上的積雪，避免大風造成枝幹斷裂；加強大棚、小拱棚瓜菜管理，蕃茄、黃瓜等採摘出售；大搞積肥，單積草木灰；防止牲畜啃青；加強畜禽防寒措施，畜舍溫度保持在十度以上；魚塘冰面積雪要及時清掃以保持光線良好；繼續開展多種經營等等。

節日風俗

小寒大寒，殺豬過年。

臘月吃五豆

每年一到臘月，過年的氣息就濃郁起來了。農曆臘月初五，家家戶戶要吃五豆。所謂「五豆」，就是用五樣豆子如大豆、黃豆、綠豆、豌豆、豇豆等熬成的粥。豆子先在水中浸泡一宵，第二天早晨起床後，主婦將淘好的米（大米、小米皆可）與泡好的五樣豆倒入鍋中加入適量水，熬成一鍋豐盛的五豆粥，即作為臘月初五的第一頓飯。

俗話說：「吃了五豆就糊塗。」意思是說，全年人們都在辛勤勞動，節儉過日。到過年時，就要捨得花錢，過一個肥年。如大辦年貨、大吃大喝、行厚禮等行為，群眾謂之「忙年」。

殺豬過年

隨着大寒的到來，冬季農閒接近尾聲，大寒過後就迎來了農曆新年，人們在準備年貨時，已經隱隱感受到大地回春的景致，此刻辛勞一年的人們身心都在盼望着享用新年所特有的豐盛大餐。清代《真州竹枝詞引》記載：「醃肉雞魚鴨，曰年肴，煮以迎歲……」中國民間素有「小寒大寒，殺豬過年」之說法。每當進入隆冬臘月，就到了農村宰殺年豬的時節。在鄉下過年是必須殺年豬的。彷彿只有殺了年豬的新年才有過年的紅火歡騰喜氣。這個風俗在四川、貴州、湖南等地的農村尤為普遍。農村俗話講「養雞為吃鹽，養豬為過年」，百姓平時生活艱苦，省吃儉用，很少殺豬改善生活，但是每每臨近年邊，無論家窮家富，無論人多人少，都要殺豬以備過年全家享用和招待客人。在鄉下很多地方如果哪家沒有過年豬，就會被別家看不起。如今，人們的生活水平提高了，飲食上也不匱乏，殺年豬便成了一種民俗，一種情結。

臘祭

臘的本義是「接」的意思。古人取新舊交接之義。臘祭為古代祭祀習俗之一，在先秦時代即已產生，那時人們常在歲末用獵獲的禽獸舉行大祭，以報祭祖先和眾神，以祈福求壽，避災迎祥，稱「臘祭」或「獵祭」。漢應劭《風俗通義》云：「臘者，獵也，言田獵取獸以祀其先祖也。或曰臘者，接也，新故交接，故大祭以報功也。」小寒是臘月的節氣，因為古代在十二月份舉行合祀眾神的臘祭，所以把臘祭所在的十二月叫臘月，十二月初八稱「臘日」，也稱「臘八」。從先秦起，都是將「臘日」視為年節來過的。梁代宗懍《荊楚歲時記》中有「臘鼓鳴，春草生」的諺語，反映人們在臘日鳴鼓起舞，迎接新春的歡樂情景。「臘祭」的意思有三個，一是表示不忘記自己及其家族的本源，表達對祖先的崇敬與懷念。二是祭百神，感謝他們一年來為農業所做出的貢獻。三是人們終歲辛勞，此時農事已息，藉此遊樂一番。自周代以後，臘祭之俗歷代沿襲，從天子、諸侯到平民百姓，人人都不例外。臘祭多在宗廟、家廟中進行，也有的在郊外祭祀對農業有重要作用的神靈。至今，一些鄉村仍沿襲着這種習俗。

灶神的由來

灶神到底是誰，歷來其說不一。《五經異義》說：「灶神姓蘇名吉利，夫人姓王名摶頰」；有的根據《酉陽雜俎》說：「灶神姓張名單，字子郭，夫人忌卿」；還有的根據《封神演義》說：「灶神是張奎，夫人為高蘭英」。

而陝西關中地區流傳的關於灶神的傳說是這樣的：據傳古時在陝西臨潼縣有個後生名叫張立德，娶妻郭丁香，夫妻二人感情很好，日子過得幸福美滿。後張生喜新厭舊，又娶了一個年輕漂亮的小妾李海棠。海棠好吃懶做，為人奸詐，過門不久，就逼張生把郭丁香休了。張生和海棠，肥吃海喝，無所事事，不到兩年，就把家產全部敗光。海棠嫌貧愛富改了嫁。張生不得已，只好沿街乞討。某日張生行乞到一家門前，這家的丫環把他扶進廚房，給吃了一頓飽飯。張生感激不盡，待要面謝夫人時，竟發現這位夫人正是他所拋棄的妻子郭丁香。他十分羞愧，無臉見人，鑽進灶膛裏躲了起來。最後從灶膛裏把他拉出來，已燒成一個炭人了。善良的郭丁香見此情景痛不欲生，也撒手人寰。玉皇大帝知道此事後，念及張立德肯於知錯改錯，就封他為灶王（爺），封郭丁香為灶婆。

習俗

灶神即民間呼之曰「灶王爺」，昔日供於灶頭之神。是上天派來人間監督我們日常行為的耳目神，對一家人的言行舉止都瞭若指掌。祭灶之日便是灶神上天述職的日子，屆時不論大家小戶，貧富貴賤，人們都要畢恭畢敬舉行送灶神的儀式。每年臘月二十三祭灶前，家家戶戶都要進行大掃除，使室內外煥然一新。有的人家還用白粉刷牆，油漆門窗，為臘月二十三的祭灶節日做準備。供品除了灶糖、灶餅、清茶和乾鮮果餌之類，還有給灶馬吃的草料，喝的水。設祭之始，點蠟供香，叩頭禮拜。接着，將龕內神像揭下來與「灶馬」（馬的畫像）的上半部，在香爐前焚化，表示灶君騎馬上天去了。口裏唸唸有詞地說：「灶爺灶婆上了天，多說好話行方便。今年缺吃又少穿，明年衣食帶寬展。灶爺灶婆你甭嫌，灶糖灶飥香又甜。」北京俗曲云：「臘月二十三，呀呀喲，家家祭灶，送神上天，祭的是人間善惡言。一張方桌擱在灶前，千張元寶掛在兩邊。滾茶涼水，草料俱全。糖果子，糖餅子，正素兩盤。當家人跪倒，手舉着香煙，一不求富貴，二不求吃穿，好事兒替我多說，惡事兒替我隱瞞。」到了除夕或初一五更時份，再貼上新請的灶神（木板畫像），並將灶馬下半部燒掉，意即接灶爺回宮。所謂「二十三日去，初一五更回」就是這個意思。

掛臘八穗

每年臘八節，陝北米脂一帶，流傳着掛臘八穗的習俗。婦女用谷稈編織成穀穗子，內裝紅棗，縫在小孩的衣服肩上，既祈求小孩健康成長，早日成家立業；又求風調雨順，五穀豐收。

臘八粥

臘八粥也叫「五味粥」、「七寶粥」。同為臘八粥，各地的花樣卻是爭奇競巧，品種繁多。如北方人喜歡用江米、紅小豆、棗、薏米、蓮子、桂圓、核桃仁、黃豆、松子等為料煮成甜味臘八粥；而南方人則喜歡用大米、花生、黃豆、蠶豆、芋艿、荸薺、栗子、白果，加上蔬菜、肉丁和麻油煮成鹹味臘八粥。有的還在粥裏加上桂皮、茴香同煮，以增加其風味。西北地區在粥內還要加入羊肉。

清代富察敦崇在《燕京歲時記》裏稱北京的「用黃米、白米、江米、小米、菱角米、栗子、去皮棗泥等，和水煮熟，外用染紅桃仁、杏仁、瓜子、花生、榛穰、松子及白糖、紅糖、葡萄以作點染」，頗有京城特色。

天津的臘八粥，同北京近似，講究的還要加蓮子、百合、珍珠米、薏仁米、大麥仁、芸豆、綠豆、桂圓肉、龍眼肉、白果、紅棗及糖水桂花，色、香、味俱佳。近年還有加入黑米的。這種臘八粥還有補氣安神、清心養血等功效。

江蘇臘八粥分甜鹹兩種，煮法一樣。只是鹹粥加青菜和油。蘇州人煮臘八粥要放入茨菇、荸薺、胡桃仁、松子仁、芡實、紅棗、栗子、木耳、青菜、金針菇。清代蘇州文人李福曾有詩云：「臘月八日粥，傳自梵王國，七寶美調和，五味香摻入。」

陝北高原熬臘八粥除了用多種米、豆之外，還得加入各種乾果、豆腐和肉混合煮成。通常是早晨就煮，或甜或鹹，依個人口味而定。如果是中午吃，還要在粥內煮上些麵條，全家人團聚共餐。吃完以後，將粥抹在門上、灶台上及門外樹上，以驅邪避災，迎接來年的農業大豐收。

冰嬉

昔日所有冰上娛樂活動的統稱「冰嬉」，包括溜冰、拽冰床、冰球等等。此俗多見於北方，清代文字記載尤多。除士庶喜歡冰嬉外，王公大臣亦喜之，慈禧太后就曾坐過冰床。另，清廷還在冰上列陣訓練士兵。冰上擲球即是一種娛樂性質突出的冰嬉，清高士奇《金鰲退食筆記》記宮廷此俗云：「禁中人於冰上作擲球之戲，每隊數十人，備有統領，分伍而立，以皮作球，擲於其中，俟其將墮，群起而爭之，以得者為勝。每有此隊之人將得，而彼隊之人蹴之令遠，喧笑馳逐，以便捷遒敢為能。所着之履，皆有鐵齒，行冰上不滑也。」

傳統冬令戶外活動還有拽冰床。冰床老北京也叫「拖床」，以木製作，腳下裝鐵條，以人力拉動。清代拽冰床之俗盛行於北京，不僅貧民為之，王公大臣、宮廷貴戚也多喜愛。什剎海、護城河等處屆期有冰床出租，且有其他飲食遊樂設施。清富察敦崇《燕京歲時記・拖床》云：「冬至以後，水澤腹堅，則什剎海、護城河、二閘等處皆有冰床。一人拖之，其行甚速。長約五尺，寬約三尺，以木為之，腳有鐵條，可坐三四人。雪晴日暖之際，如行玉壺中，亦快事也……近日王公大臣之有恩命者，亦准於西苑門內乘坐拖床，床甚華美，上有如車篷，可避風雪。」按《倚晴閣雜抄》：「明時積水潭，常有好事者聯十餘床，攜都藍酒具，鋪氍毹其上，轟飲冰凌中以為樂。」

溜冰也是傳統冬令戶外娛樂活動。昔日冰鞋一般是鞋底縛有鐵條，也有木板上裝鐵條然後縛到鞋上。溜冰除速滑以外，尚有「蘇秦背劍」、「金雞獨立」、「鳳凰單展翅」等花樣。此外也有不穿冰鞋只用本身穿的鞋溜冰的，也叫「滑擦」。清潘榮陛《帝京歲時記》：「冰上滑擦者，所着之履皆有鐵齒，流行冰上，如星馳電掣，爭先奪標取勝，名曰溜冰。都人於各城外護城河下，群聚滑擦。」又《燕京歲時記》云：「冰鞋以鐵為之，中有單條縛於鞋上，身起則行，不能暫止。技之巧者，如蜻蜓點水，紫燕穿波，殊可觀也。」

過侗年

過侗年是侗族的一個傳統節日，流行於貴州錦屏縣九寨區一帶。每年農曆十一月三十日舉行，屆時正好處在小寒節氣。傳說在很久以前，當地有位德高望重的部族首領，因拒絕向漢人進貢，漢人帶人包圍村寨。為維護民族尊嚴和鄉親的安全，首領挺身而出，被漢人充軍戍邊。後來這位首領獲准從邊疆還鄉，此時正是農曆十一月三十日，當地人吹蘆笙，彈琵琶，敲鑼打鼓去看望這位首領，後人便把這一天稱為「侗年」。節日裏，除打糍粑外，各家還殺豬宰羊表示慶賀。過年之時，人們以肉食為主，忌食蔬菜。煮的米飯多於平常，以示「吃剩有餘」。晚飯前，老人們在神龕和「祖宗角」擺上祭品，燒香焚紙，以祭祀祖先，召請祖宗來過年，並保佑全家發達幸福，然後全家歡宴。出嫁的姑娘及親友也在侗年時前來祝賀。節日當天的主要娛樂活動是鬥牛，晚上鳴炮宴請勝者。青年男女通過玩山、對歌、跳蘆笙等活動，尋找伴侶。同時還演出侗戲。

祭土地節

祭土地節是納西族支系摩梭人的傳統祭祀節日，流行於雲南西北的瀘沽湖地區。在每年的農曆十一月三十日舉行。屆時，全寨以一家為主，請東巴（巫師）唸經，祈免農業災害。寨中其餘各家都燒大塘香火，祭祀天、地、山、水之神。

放年學

放年學是農曆歲末，學生放假的民間傳統年節習俗。指在臘月臨近春節時，學館私塾等放假過年。相當於現在的放寒假。在《燕京歲時記》中就有放年學的記錄：「兒童之讀書者，於封印之後塾師解館，謂之放年學。」《紅樓夢》第二十回也有相關的文字：「彼時正月內，學房中放年學。」另《中華全國風俗志．杭城冬日雜詠》亦有云：「兒童屈指算昏晨，冬至交來又幾旬。理畢年書放長假，何曾冬學鬧比鄰。」注：「杭俗，蒙師十二月朔，復課舊書，謂之理年書。望後散學，謂之放長假。」清代，「每至十二月，於十九、二十、二十一、二十二四日之內，由欽天監選擇吉期，照例封印，頒示天下，一體遵行。」此時朝廷放假，莘莘學子也藉此可以放鬆一下身心了。皇家開學的時間是正月初六，民間是過了正月十五。大約皇家放年假兩週，民間放年假四週。

民間宜忌

小寒天氣熱，大寒冷莫說。

起居

《黃帝內經》上有「春夏養陽，秋冬養陰」的養生格言，以指導人們順自然變化而進行保健。因此小寒的養生原則是斂藏精氣、固本扶元，以「防寒補腎」為主。

在生活起居方面，還要特別注意防止冷輻射對身體的傷害。冷輻射指的是寒冷的牆壁對身體造成的輻射。因為在北方地區，寒冷的冬季室內溫度和牆壁溫度有較大的差別，牆壁溫度要比室內溫度低三至八度，這時人在離牆壁一定距離時就會感覺寒冷，這就是所謂的冷輻射或稱「負輻射」。這種輻射對人體的危害較大，故在冬季要遠離過冷的牆壁或其他物體，睡覺的地方要離牆壁遠一些，保護好身體不受冷輻射的傷害。

民間忌諱

小寒前後，來自北方的強冷空氣及寒潮頻襲中原大地，氣候十分嚴酷。但民間這時候忌諱天暖，有「小寒天氣熱，大寒冷莫說」的說法，說小寒如果不冷，大寒會冷得無法用語言形容。民間有些地方還忌諱此時節不下雪，諺語說「小寒大寒不下雪，小暑大暑田乾裂」，是說小寒大寒時如不下雪，第二年會出現乾旱。

防病小貼士

小寒時節正處於「三九」寒天。雖說理論上此時已陽氣上升，但實際上卻是一年中氣候最冷的時段。小寒時節在起居方面應養精蓄鋭，為來春生機勃發做準備。俗話說「寒從足下生」，小寒時更應注意足部保暖。要想有個健康的身體，就要先保護好足部，不能使其受涼。中醫認為，人是一個整體，足部可以反映內臟的病症。反過來，保護好足部又能增加內臟的功能。所以不要認為足部保暖僅僅是局部保暖，實際上，足部保暖是全身抗寒防病的一種很好的方法。對付腳涼，最好的辦法就是睡前溫水泡腳，然後用力揉搓腳心。老話說得好：「要長壽，頭涼腳熱八分飽。」所以晚上吃完飯看電視的時候，可以倒盆熱水泡着腳。既可禦寒保暖、補腎強身，又可解除疲勞、促進睡眠，日久還有延緩衰老、預防疾病之效。

大寒

陽曆一月二十日前後

雞始乳、鷙鳥厲疾、水澤腹堅

農事氣象

臘月大雪半尺厚，麥子還嫌披不夠。

大寒三候

大寒分三候，「初候雞始乳」，「乳」意指產卵。意思是初候時節母雞開始產卵孵化小雞；「二候鷙鳥厲疾」，鷙鳥是指兇猛的飛禽，二候時天空中振翅翱翔的鷹、雕等大型猛禽開始箭一般撲向地面的獵物；「三候水澤腹堅」，是說天氣格外寒冷，野外河湖上的冰凍層已凍到了很深的水的「腹部」。這三候分別從三個不同的角度來說，初候家禽，二候飛鳥，三候河水結冰，指出寒冷天氣已經到達極致，至此已是冷到極點，而物極必反，嚴冬將盡，春天也就不遠了。為了迎接即將來臨的溫暖的春天，此時的人們開始整修屋舍，打掃衛生，歡歡喜喜備足年貨，滿懷希望地預備慶賀一個團圓喜慶的新年。

氣候特點

每年陽曆的一月二十日前後，交大寒節氣，此時太陽到達黃經三百度。大寒是農曆年的最後一個節氣，因大風、寒潮此時出現頻繁，古人認為大寒是一年中最冷的時節。但實際上大寒時的溫度卻往往比小寒時溫度有所回升，有由低漸高的趨勢，平均氣溫零下二至四度，最低氣溫在零下十七至零下十四度，極端最低氣溫可降至零下二十餘度。有半數年份最低氣溫會在本節氣內出現，此時最大凍土深度可達三十至四十厘米，常為全年凍土最深的節氣。這個時節降水很少，半數年份降水不到一毫米，也有個別年份在五毫米以上。

大寒沒有小寒冷

古籍《二十四節氣解》曰：「大者，乃凜冽之極也。」其意為大寒時寒冷已極。的確，大寒從字面的意思上來看好像比小寒要冷，可是氣象觀測資料卻表明，一般來說小寒都要冷於大寒，可以說小寒才是全年二十四節氣中最冷的節氣，民間亦有「小寒勝大寒」之說，因為「三九天」都在小寒節氣內，還有「冷在三九」的說法。這也說明了通常小寒要比大寒的氣溫要低一些。但是也有某些年份和沿海少數地方，全年最冷的時候是在大寒時節出現的。

那麼，為甚麼此節氣叫大寒而不叫小寒呢？這是因為節氣起源於黃河流域。在當時的黃河流域，大寒要比小寒冷。並且大小寒正好與大小暑相對應，大小寒的順序就是這樣來的。

臘雪功效

大寒正逢農曆臘月，這時節的降雪稱為「臘雪」，臘雪對農業生產是極有幫助的。用雪水浸種，可提高種子的發芽率，並且有促進作物生長、提高產量；家畜和家禽飲用了營養豐富的雪水，能增強體質，多產蛋；積雪像棉被一樣，蓋在大地上，不但可以阻擋寒氣侵入，而且還能夠減少土壤熱量向外散失，可以起到防寒保暖的作用；積雪的覆蓋避免了土壤中水份的散發，融化的雪水更能增加土壤中的水份，這又可以起到抗旱保墒的作用；融雪的同時還會消耗掉土壤裏大量的熱量，令土壤溫度驟降至零度左右，這樣可以把部分越冬害蟲和蟲卵凍死，從而減少蟲害發生。

小寒大寒，嚴防火險。

進入寒冬後由於降水稀少，氣候乾燥，林地的枯枝爛葉較多，草原上的牧草枯黃，加上林牧區冬季生活取暖火源較多，最容易出現火險，發生火災，所以小寒、大寒時期要嚴防火險。

農事活動

大寒是養殖業最不好過的時期，大牲畜還好管理，但仔豬由於冬季寒冷容易生長緩慢，發育不良，造成損失。在北方，田地已被冰雪覆蓋，沒有農活，可以在家裏搞點副業，如編織。南方地裏沒有凍結，農事活動尚可進行。對油菜可早施鉀肥以促高產。蠶豆要開溝防漬，鬆土培根，可增施草木灰以提高植株抗寒能力，對於長勢較弱、苗色發黃的地塊，也可追施少量氮肥促進生長，以保證豐收。

大寒期間時常有大雪降落，落地後成為厚厚的積雪。一般此時降落的大雪要等到春暖時，才會隨氣溫升高而慢慢融化，這時節的大雪對冬小麥是很有利的，蓋在麥苗上的大雪可以保持地溫，避免麥苗被嚴寒凍傷，麥田中的雪待來年融化時還可保證墒情。於是民間就有「臘月大雪半尺厚，麥子還嫌披不夠」的說法。但是還是要注意防凍保墒，以免影響農作物的生長。

節日風俗

有錢沒錢，剃頭過年。

過小年

小年又稱「小歲」、「小年夜」，是相對大年（春節）而言的。因地區不同，各地過小年的日期略有差異，大部分地區在農曆十二月二十四日過節。北京、河南等地區十二月二十三日過節。東漢崔寔《四民月令》記載：「臘月日更新，謂之小歲，進酒尊長，修賀君師。」在宋代，過小年不出門拜賀，而是合家歡宴以慶祝。《太平御覽》卷三十三引徐愛《家儀》說：「惟新小歲之賀，既非大慶，禮止門內。」清代姚興泉《龍眠雜憶》記安慶桐城縣（今屬安徽）臘月過小年的情景：「二十四晚，設酒醴以延祖先，自密室達門面，內外洞澈，燈燭輝煌，而花炮之聲達於四巷，幾與除夜無異，士人謂之小年。」

小年有許多習俗，意味着要開始着手準備喜慶迎新過大年了，從這天到過大年，家家戶戶都特別忙碌。掃塵、剪窗花、寫春聯、貼福字、辦年貨，充滿節慶的喜氣，無不表現了人們對美好生活的嚮往與追求。小年這天集貿市場格外熱鬧，到處都是琳瑯滿目的年貨和熙熙攘攘的人群。晚上全家一起包餃子，其樂融融。

此外，沐浴理髮的活動也多集中於小年前後進行。民間素有「有錢沒錢，剃頭過年」的說法。屆時大人、小孩都要洗浴、理髮。在山西呂梁地區女子還要用溫熱的開水洗腳，以示乾乾淨淨迎新年，祛除舊年的晦氣不祥。

過小年的當天各地有許多不同的禁忌。如湖北部分地區，小年忌宰殺；河南有些地方忌諱搗蒜，認為小年搗蒜會把家裏搗窮了；台灣則忌舂米，唯恐會把風神搗下來，給來年帶來風災。

除夕守歲

農曆臘月三十日的晚上，是年末最後一個時辰。正所謂「一夜連雙歲，五更分二年」。大寒過後，新的春天就要開始了。因為這是新舊年的交替之時，人們分外重視這段時光，所以自古流傳有「除夕守歲」的風俗。此風俗至今已有兩千多年歷史了。守歲的風俗活動十分豐富多彩。一般三十日中午飯後，家家戶戶供奉祖宗；屋前屋後的門窗上貼門神、春聯、窗花；室內還要貼年畫；庭院的牆壁上貼春條。講究的人家都要張燈結綵，到了掌燈的時候，屋前屋後掛起了紅燈籠，人們換上了新衣服，敲鑼打鼓，在一陣震耳欲聾的鑼鼓聲、鞭炮聲之後，全家人都在祖宗堂前圍爐取暖，晚輩向長輩辭年、拜年，共敘天倫之樂。此刻不分男女老少，不論輩分高低，都要盡情地歡樂，一直鬧到深夜或天明，藉以慶祝新年的來臨。這就叫「除夕守歲」或「歡度除夕」。這時債主不能來討債了，就是貧窮人家，也能安心地過年了。除夕守歲對小孩來說，更是一個歡天喜地的日子。當晚孩子可以玩到夜深才入睡，待此日醒來，還會在床頭或枕頭底下發現包有嶄新錢幣的紅紙包，這就是長輩贈予的「壓歲錢」。

趕婚

過了臘月二十三，民間認為諸神此時都已上了天，所以百無禁忌。像娶媳婦、出嫁等重大事宜均不用循舊禮、挑日子，可自由隨心操辦而不犯任何忌諱。這時的嫁娶便稱之為「趕婚」或「趕亂婚」。也正因此，從這時直至年底，舉行結婚典禮的人家非常多。正可謂「歲晏鄉村嫁娶忙，宜春帖子逗春光。燈前姊妹私相語，守歲今年是洞房」。《易經》上亦有類似的說法，大意為年末這幾日不在八卦推算中，可從心所欲而不算逾越傳統，亦稱此時的嫁娶活動為「趕亂婚」。

貼窗花

在所有過年的準備工作中，剪貼窗花是最盛行的民俗活動。窗花是貼在窗紙或窗戶玻璃上的民間剪紙藝術品，有各種顏色、各種圖案，歷來以其特有的概括和誇張手法將節日裝點得喜氣洋洋。其雛形為古時民間喜慶或民俗活動中的剪貼畫，因多裝飾於農村窗上而被稱為「窗花」。流行至今已有上千年的歷史。內容多表現農民生活，如耕種、紡織、牧羊、養雞等，還有神話傳說、戲曲故事等題材；另外，花鳥蟲魚及十二生肖等形象亦十分常見。

剪貼窗花，是自古以來人們迎春的方式。人們以此來表達自己慶賀春來人間的歡樂心情。並以此烘托節日氣氛，並寄託辭舊迎新、接福納祥的願望。窗花的剪刻形式有很多，較常見的有單色剪刻，多用於大紅紙剪刻，應用地區較廣。還有套色剪紙，通常用於宮廷、商舖的大窗或廳堂和門面的窗戶；也有浮雕剪紙，染色和襯色窗花等。為了不影響室內採光，追求清新、亮堂、明快的室內裝飾效果，窗花多為陽剪，以求得較多鏤空的面積，並多採用細線造型，以達到鏤空玲瓏的視覺效果。

蒸花饃

花饃，又稱「麵塑」，「麵花」、「捏麵人」等，主要流傳於黃河流域。早在漢代就有花饃製作的記載，宋代民間就有把花饃用於春節、中秋節、端午節以及結婚、祝壽等活動的描述。每逢年節，家家都要蒸花饃，為的是討個喜慶和吉利。民間花饃的製作，一般用小麥麵發酵，捏製成各種人物、動物、花卉等造型，用紅棗以及各種豆類加以點綴，放入鍋內蒸熟，趁其柔軟時再施以彩繪，好看的花饃就算做成了。蒸花饃不管是人物還是動物造型都誇張、生動，用色明快鮮豔，風格樸實，富有拙樸的美感。這些既能食用，又能作為禮物饋贈親友的花饃，是中國特有的民間藝術，也最具地域特色的種類之一。它不僅反映了勞動人民的聰明才智，寄寓了人們純樸、美好的生活意願，也從一個側面彰顯了民間的傳統文化與內涵。由於地域不同，花饃的藝術風格也有差別。有的誇張變形，旨在其神韻；有的似浮雕佈滿貼花，意在淡雅；有的嵌以插花，凸現美觀；有的講究蒸製染色，華麗別致；有的略加點綴，樸素淳厚；有的則以塑為主，着色為輔，講究本原色彩。

掃塵

過了十二月二十三，新春既近，家家在年前要進行徹底的清掃，粉刷牆壁，擦洗玻璃，糊花窗，貼年畫等。徹底打掃室內，俗稱「掃塵」或「掃家」，也叫「掃年」、「打揚塵」或稱「除殘」等。取意「除舊佈新」。此俗幾乎遍及各地，具體時間不一。但據說不是每日都宜打掃屋舍，一般十二月二十四被認為百無禁忌，故北京通常把十二月二十四日定為「掃房日」。

清顧祿《清嘉錄》：「臘將殘，擇憲書宜掃舍宇日，去庭戶塵穢……俗呼『打塵埃』。」明袁宏道《歲時紀異》稱：「吳中十二月二十七日掃屋塵，曰『除殘夕』。」漢、布依、土家等族等則稱之為「打揚塵」。每年農曆十二月二十三 四日，布依族全村每戶人家要進行大掃除，打掃衛生。清掃出來的垃圾，倒在灰堆裏作肥料。是日晚，合家置備酒肴、香燭、紙錢，奉祭灶王菩薩。土家族「打揚塵」在農曆十二月二十四日，土家人用三根竹枝紮成長掃帚，將屋內揚塵、蜘網刷淨，並把黏滿揚塵與蛛網的掃帚擲與屋後山上，但不燒掉，因為傳說揚塵惹火，蛛網惹禍，送它們到山上，屋裏就會一年太平。

洗邋遢、洗啾唧

洗邋遢為中國民間傳統年節風俗。指為了迎接新春而集中地洗澡、洗衣。湖北西部土家族在臘月二十八日，婦女要把一家人穿髒的衣服、蓋髒的被褥，全部洗淨。全家老少也要用艾蒿水洗澡，其意在乾乾淨淨過新年。洗啾唧也是與此相似的傳統歲末衛生活動。舊時鄉間衛生設備差，歲末人們集中沐浴，以辭舊迎新。清趙懷玉《洗啾唧詞》小序云：「常俗臘月二十七夜浴，謂洗啾唧，祓除之意也。」其詞云：「歲既闌，洗啾唧，今夕何期，臘月廿七……」

趕年集、辦年貨

年集是民間春節前買賣年貨的集市。進入臘月後，人們為準備除夕、新春用品而赴集市採買年貨等，中國大多數地方，大寒之後開始進入繁忙的年貨準備期。尤其古代社會物質匱乏，對於大多數人家，生活單調，一年到頭，大人孩子就盼着過年好好樂一樂。忙年貨是一種快樂。河北《廣宗縣誌》載：「民間稱年下的採買活動為『趕年集』。」屆時「肉脯、雞鶩、蔬菜、果餌填塞街衢。彩花（婦女所戴頭飾）、年畫、爆竹、神像之類，遠道負販，傾筐倒篋。村農購買者，摩肩接踵……」此俗約從唐宋即已廣泛存在。到清代，《清嘉錄》這樣記載此俗：「市肆販置南北雜貨，備居民歲晚人事之需，俗稱『六十日頭店』。熟食鋪、豚蹄雞鴨，較常貨買有加。紙馬香燭鋪，預印路頭財馬，紙糊元寶緞匹，多澆巨蠟、束名香。街坊吟賣篝鐙鐙草、掛鏡、灶牌、灶簾，及篳瓢箕帚竹筐，磁器缶器，鮮魚果蔬諸品不絕……」

如今的年集（貿易市場），更是貨品齊全，人山人海。農副產品、京廣雜貨、節日禮品，五花八門，應有盡有。最引人注目的還算是各式各樣的木版年畫、門神、窗花、花炮、泥塑等。人們辦年貨的內容，除了吃的、用的、玩的、看的和節日禮品以外，更加不可或缺的就是請灶神（實際上就是買灶神的畫像）、買年畫和門神圖等過年必用的物品了。

祭祖

昔日在大年（臘月）三十日午前，家家戶戶的子孫都要去上墳，接祖先回家。下午各家的正廳，都設立香案，以祭祖宗。陝南山區的人民，還端端正正的書寫「天地君親師」五個大字，列在祖先的牌位前。祭祖先有用紙描繪的畫像，精裱而成的神軸。平常卷起來，過年時掛起來；也有用木板製成長約一尺，寬約五寸的「神匣」，裏邊按輩分上下寫着「×故顯考×大人諱××之神位」、「×故顯妣×孺人諱××之神位」，謂之「牌位」。

祖宗堂前，擺上高三尺，寬約一尺的「棗花」（麵花）。各式各樣的獻供，有獻三牲（牛、羊、豬）的；有獻糕點、鮮果的。香案前的正中央擺着香灰爐，蠟燭台和香火筒。從臘月三十日起，每天都要燒香點蠟，舉行祭祀之禮。現在中國民間很多地方仍承襲着這樣的傳統。

民間宜忌

大寒見三白，農人衣食足。

起居

大寒是生機潛伏、萬物蟄藏的時令，此時人體的陰陽消長代謝還相當緩慢，養生的着眼點在於「藏」，應早睡晚起，不要輕易擾動陽氣。然而此時正值春節前的忙碌時段。因此一定要注意不要過度操勞，凡事要寧心定神，避免急躁發怒。

大寒是冬三月之末，此時節要注意精神調養、早睡晚起，也要注意調養腎氣，以免因腎氣不足而降低機體的免疫力，減弱自身對寒邪的抵抗力。因天氣寒冷，還要注意固護精氣，滋養陽氣，將精氣內蘊於腎，化生氣血津液，以促進臟腑生理功能。青壯年應減少性生活，以順應此時生理功能處於低潮、機體培養精氣的需要；老人和婦孺則應注意保暖，以保證氣血暢通，身體健康。

民間忌諱

在大寒時節忌天晴不雪。農諺說：「大寒三白定豐年」、「大寒見三白，農人衣食足」。三白指下三場大雪。大寒忌晴宜雪的說法早在唐朝時就有了。唐代張文成《朝野僉載》中說：「一臘見三白，田公笑赫赫」。為甚麼臘月下雪就預兆豐收呢？清顧祿《清嘉錄》卷十一《臘雪》說得好：「臘月雪，謂之臘雪，亦曰『瑞雪』殺蝗蟲子、主來歲豐稔。」臘雪殺滅蝗蟲，次年便不易鬧蟲災，冬雪亦可為春季作物的生發積蓄能量，瑞雪兆豐年，下一年才能生機勃勃，如此良性循環，自然豐收在望。

責任編輯　胡卿旋
裝幀設計　袁蕙婞
插　　畫　賀　花

二十四節氣 —— 春夏秋冬的生活智慧

主編　王曉梅

出版　中華書局（香港）有限公司
香港北角英皇道 499 號北角工業大廈一樓 B
電話：（852）2137 2338 傳真：（852）2713 8202
電子郵件：info@chunghwabook.com.hk
網址：http://www.chunghwabook.com.hk

發行　香港聯合書刊物流有限公司
香港新界大埔汀麗路 36 號
中華商務印刷大廈 3 字樓
電話：（852）2150 2100 傳真：（852）2407 3062
電子郵件：info@suplogistics.com.hk

印刷　美雅印刷製本有限公司
香港觀塘榮業街 6 號 海濱工業大廈 4 樓 A 室

版次　2013 年 2 月初版
2020 年 1 月第 4 次印刷

規格　16 開（170 mm x 210 mm）

ISBN　978 988 8181 38 4

本書繁體版由中央編譯出版社授權出版發行。